北欧彩虹

张志雄 著

上海文化出版社

序

1991 年，我进入上海证券交易所工作，在《上海证券报》供职。证券类报刊最重要的办刊宗旨是引导股民理性投资和开拓市场。我怀抱文学编辑梦，却开始写市场评论和报道，进行功利性的写作，读书也读功利的书。这对我真正的读书生活来说是很大的消耗。直到 2006 年，我终于有足够多的时间和精力来弥补遗憾，开始疯狂读书；同时继续坚持写作训练，以锻炼自由表达能力、思维以及四十岁之后明显衰退的记忆力。

2009 年的一天，我坐在家里赏花喝茶，突然之间感到万分失落。"读万卷书，行万里路"，这句话不能分开讲。记得在我小的时候，上海人总喜欢说的一句话就是"开眼界"，意思是说多出去走走，看看世界。

此后，我开始把"走读"当成事业来做。这么多年来，我与朋友们结伴，已经深度游览了三十多个国家，包括法国、德国、意大利、日本、埃及、印度、尼泊尔，其中有的国家去了多次。我在旅行中观察和探索，把自己的见闻和思考记录下来，以游记的形式在网络平台上分享，后来又将这些文章陆续结集出版，并有幸受到读者喜爱。

走读于我而言是一场顽强的时空之旅，这个过程没有终点，而我乐此不疲。我去感受不同国家和地区的文化，探寻其起源和精髓，得到一些答案，又带着疑问再次出发。据说持续不断地学习，大脑机能自然会发生变化，也许这正是我能保持年轻状态的原因。至少，我的眼光变得很不一样了，这得益于多年走读经验带来的知识和鉴赏力的积累。

每完成一部"志雄走读"系列作品，我心中都充满了自信和再次出发的喜悦。

时至今日，我写"志雄走读"系列已有十年。我自认为它们不仅仅是旅游书。如读者所见，这些书并不具有旅游指南的统一模式，这是因为书的内容和风格由我个人的乐趣主导。《安达卢西亚的雨巷》描述的是在西班牙的感观之旅，主要写建筑和美食，还有文化变迁的痕迹；《北欧彩虹》写得很快，正如人们总把北欧与"极简"概念联系起来，与西班牙的激情四射相比，北欧之行则有点"清淡"，却也有万千气象；《趣味新西兰》里既有这个"长白云之乡"的自然景致，也有它的人文景观，此外，对于喜爱冒险的人来说，它还是一个天然的游乐场。

我想表达的是，我们也许无法移居到称心如意的地方，但我们可以通过不断的走读来满足自己的一部分心愿。

最后感谢上海文化出版社领导以及各位编辑的热情帮助和支持，能让这三本书送到读者的手中。

张志雄

2022 年 1 月 11 日

目 录

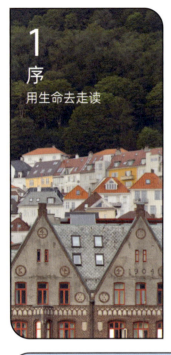

CONTENTS

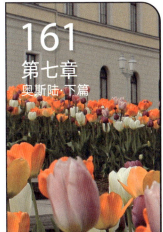

第一章
赫尔辛基

1

2014 年 8 月，我们 7 个家庭 20 人赴北欧游玩，发起人是儿子幼儿园同学多多的爸爸。多多的爸爸妈妈都是上海人，曾经在芬兰工作和学习了 10 年。多多很想到出生地芬兰去看看，于是就有了此次北欧之行。

我们在赫尔辛基所住旅馆的前身是卡塔亚诺卡（Katajanokka）监狱。这座监狱很古老，建于 1837 年，和以前的皇家监狱相邻，当时有 12 间牢房、2 间警卫室和一座教堂。教堂是赫尔辛基第二古老的建筑，现在仍然在使用。1888 年，监狱进行扩建，拥有 164 间牢房。1944 年，盟军空袭赫尔辛基，有一颗炸弹投中了监狱的面包房，炸死了一名警卫，引起大火。在混乱中，5 名犯人设法逃脱。到了 2002 年，这座监狱的设施被认为已不适应现代理念，犯人被转移到新的万塔（Vantaa）监狱（应该在赫尔辛基—万塔机场附近）。2006 年，监狱重建，但保留了外墙和中央通道。2007 年 5 月，监狱主题酒店开张。2010 年，国内媒体可能转自海外报道，说它被评为世界十大最著名的监狱主题酒店。

我一到酒店，就在里面来回兜转，由于它摆脱监狱身份的时间还不长，其格局颇像电影作品中的画面。我拿着酒店的一份简介，尝试着将里面的故事与实境对照，但我对芬兰的政治社会史不熟悉，对囚徒的轶事一无所知。倒是有一段普通犯人的小故事挺有趣的：1946 年，有个犯人花了几个星期时间在 3 楼的男犯人区域和 13 号女牢房之间挖了一条暗道。我们在电影或新闻中看到的挖暗道都是为了逃离，但这条暗道是为了让男犯人与邻近的女犯人幽会。

监狱主题酒店的楼梯

2

我决定试试监狱主题酒店的戏剧性效果，便将酒店楼道中央的监狱通道和楼梯图片发在微信朋友圈上，然后装模作样地说，我被关在赫尔辛基的监狱里了。结果还真有朋友认为我也许是与当地人发生冲突，被拘留了。

崇尚人道的北欧，如今已经不再把监狱当作单纯惩罚犯人的所在。早在19世纪中期，瑞典就以新的改良主义原则修建了大量新的监狱，如中央监狱的各监室从一个中心区呈扇形散开，门朝着阳台开。不过，芬兰19世纪的监狱还是十分糟糕的，我们酒店的地下室餐厅保留了当时的两间房，一间是禁闭室，一间是牢房，都很破败，尤其是牢房，是直接从岩石里挖出来的。

今天的北欧则不可同日而语。举个挪威的例子吧，挪威有一座关押杀人犯等重刑犯的伊拉监狱，建在奥斯陆近郊风景绝美的山丘最高处，犯人可以与常人一样欣赏周边的世界。据记者报道，这是狱方的刻意设计，"他们只打算限制犯人的行动，倒没想要连同囚徒视觉上的自由一起剥夺"。

与同时禁锢肉体和心灵的传统的监狱形态不同，挪威方面是以"办学"的心态来运营伊拉监狱的。他们会聘请不是狱方人员的老师教导犯人学习专业技能，而且与一般学校的教学方式一样，狱卒不会前来监视。犯人可以在专人指导下合作完成农务。前往监狱设立的图书室借阅图书，上网看电视，或者在室内体育馆运动、打球，都是犯人能够做的事，他们还可以去便捷的小卖部买自己想吃的东西。如果表现好，犯人甚至可以得到回家休假的允许。

他们住的牢房窗明几净，且绝对不会安装监控摄像头。监狱还配置了健身房、公共大厅等各种设施，完全不会让人因为幽闭、冷瑟而产生一种恐惧感。

里面的犯人是否应该享受如此待遇呢？伊拉监狱里有一个"恶魔"布雷维克，他在2011年夏的一天使用炸弹和枪，夺走了77条人命，在国际上引起轰动，事后法院判处他21年监禁（挪威没有死刑）。布雷维克虽然初期也会被隔离，而且不能上网，但监狱大部分人道措施也适用于他。

这在我们看来似乎无法理解。我想，欧美人对犯人越来越人性化，有个重要的因素，那就是欧洲文化中的"宽恕"文化。在他们看来，人人都有可能生罪，只不过在不同的环境和机缘下暴露或不暴露而已。人与人之间没有圣人和恶魔那么大的区别。你没有犯罪，并不意味着你有多么圣洁；另一个人犯法，也不意味着他就处处比你不堪。好人和坏人的区分不是一劳永逸的。这些道理，我们在生活常识中也可以琢磨到。

3

北欧之行的早上，我都是6点起床，独自一人到处走走。其实，我在海外旅游时基本如此。出门在外，睡得很晚，还要这么大清早走动，确实很辛苦，不过，这也让我有更多的时间闲逛，体验一下当地人的生活。比如，我们酒店的后面就有不少像城堡般高大的民宅，很有气势。虽然无法深入了解，可在其间走走，还是很舒服的。

我们的酒店离赫尔辛基市中心不远，走几条马路，就能到达南港。这里停泊着大型邮轮，来往圣彼得堡和爱沙尼亚的塔林等地。我订机票的时候，没想到赫尔辛基与圣彼得堡那么近，否则提前个三五天来这里，就可以去那里玩玩，至少可以去波罗的海对岸的塔林看看。我看过一些介绍，直觉塔林不亚于赫尔辛基，甚至更有韵味。我们知道，1550年，瑞典芬兰的共同国王古斯塔夫·瓦萨建造了赫尔辛基，想与汉萨同盟控制的塔林相抗衡，旧址在现在城市的偏东方向。但国王很快征服了塔林，赫尔辛基失去了战略地位，就失去了发展机会。1640年，赫尔辛基移至今天的位置，由于战乱瘟疫，直至1710年，赫尔辛基还只有150个居民，也就是一个渔村。18世纪中叶，面对俄国的挑战，瑞典在赫尔辛基海滨建立了芬兰堡，赫尔辛基才再次看到希望。

有人说，如果瑞典国王早些征服塔林，赫尔辛基就不存在了。此话不对，因为赫尔辛基的真正起步受益于俄国的力量。1155年，瑞典王国征服芬兰，开始长达600年的统治。1808年，瑞典败于俄国，芬兰被割让给俄国，成为俄国的自治大公国，由沙皇兼任大公。沙皇以个人名义统治芬兰，正因如此，芬兰不受俄国政府的太多束缚。芬兰原来的首都是图尔库，1828年发生了一场毁灭性大火，从此衰落。沙皇早就决定在圣彼得堡附近的赫尔辛基建造首都，邀请德国建筑师卡尔·路德维希·恩格尔（Carl Ludvig Engle）设计了大量具有新古典主义风格的建筑，而且色调是白色的，赫尔辛基因此被称为波罗的海的"白都"。1840年建筑完工以来，市中心就几无变化。

赫尔辛基南港

4

南港也是市中心的一部分，这里有临时搭建的橙色帐篷，是一个售卖各种食品和商品的中央集市。我清晨到这里，不少人在这里享用早点，热气腾腾。到了中午，游客云集，才真正熙熙攘攘。中央集市后面有一个室内的水产市场，里面卖的食物较为"高端"，但比较冷清，没法与西班牙巴塞罗那的菜市场相比。而且水产市场里食物的价格很贵，我们只吃过一次小食（生蚝），兴致不高。

集市的旁边本该有一个让人联想到哥本哈根美人鱼的阿曼达青铜雕像（Statue Havis Amanda）。瓦尔格伦（Ville Vallgren）是芬兰著名雕塑家，长年旅居巴黎，1906年以一位名叫阿曼达的在巴黎求学的芬兰少女为模特完成了这件作品，然后在1908年立于赫尔辛基。少女被四尊喷水的海狮围绕，象征着赫尔辛基从海中升起，也被称为"波罗的海的女儿"。世人对这件作品向来评价甚高，可一时间我却看不到她的踪影。

后来我才知道，阿曼达雕像喷泉被人暂时"包装"进一间屋子了。

原来赫尔辛基艺术博物馆邀请了一位日本艺术家，在2014年8月15日至10月12日将雕塑打造成一个被称为"赫尔辛基的女儿"的旅馆。在展览期间的每个晚上，房间都已被预定一空，但公众可以在上午11点半到下午5点半参观。它不仅是件装置艺术，也让人们可以平视美少女。

阿曼达不是第一次被赋予新的意义，早年她被戴上一顶白色学生帽，后来这成了一个保留节日。在劳动节的时候，大学生会为她洗澡装饰。可惜旅馆开张的前一天，我们正好离开赫尔辛基。最后一天回到赫尔辛基时住的是另一个地方的旅馆，离她太远，无法相见。

那天清晨，我围着雕塑旅馆散步，只见底下海狮的爪子。我见旁边埃斯

带帽节这天的阿曼达青铜雕塑

赫尔辛基集市市场和南港

普拉纳迪（Esplanadi）公园的草丛和池塘边有一位日本妇人在寻寻觅觅，便好奇地走近一看，原来是几件孩童与鱼儿嬉戏的小件雕塑，童趣盎然。我再回首中央集市，发现地面上有几只石雕乌龟在清晨的薄雾中艰难地"行走"，令人忍俊不禁。

埃斯普拉纳迪公园建于1812年，当年的芬兰王后喜欢在这里散步，据说这个传统至今不变。我在这个公园走了好几回，大失所望，似乎就是一个普通的街心公园。

中央集市的另一端竖立着一个高大赤裸的男孩雕塑，肌肤与真人相似，一副目瞪口呆的样子，极其引人注目。我从未见有资料介绍过它，应该是当地新的艺术品。

集市市场

"行走"的乌龟

赤裸的男孩雕塑

赫尔辛基大教堂

5

  南港对面是市政厅大厦等建筑，穿过去就是参议院广场。广场上最引人注目的建筑是城市地标赫尔辛基大教堂，它和周围的政府宫和赫尔辛基大学都是恩格尔的手笔。恩格尔曾设计过圣彼得堡大教堂，深受沙皇信任。

  这三幢建筑几乎是一个模子刻出来的，都是在6根白色圆柱上方建一个三角楣饰，延袭希腊古风，统一却单调。不过，赫尔辛基大教堂严格按照古

希腊的经典原则建造，在高大圆柱和三角楣饰外还有大台阶。恩格尔利用原有的小山坡，把教堂建在山顶，沿着山坡铺建了 100 多级淡褐色的花岗岩台阶，把教堂打造成了古典的纪念堂，倒是有意料之外的效果。

　　大教堂顶端的圆形钟楼是淡淡的绿色，上面的尖顶则是金色的，其他地方通体白色，确实很美。我们在各地欣赏教堂的建筑之美，应该想到它们现在还是有生命的，是信徒的家园。我们在北欧的教堂行走时，几次都不得

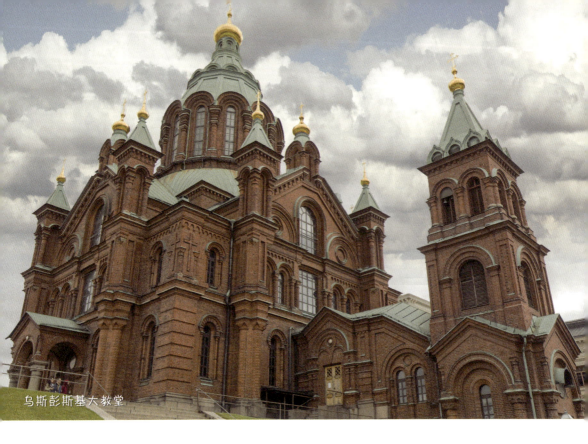

乌斯彭斯基大教堂

其门而入，因为里面在举办婚礼等活动。赫尔辛基大教堂属于信义会（由16世纪德国的马丁·路德宗教改革而来），现在全芬兰超过80%的人属于信义会。大教堂的简介将它称为"赫尔辛基之心"，正确的叫法是赫尔辛基主教座堂，它是芬兰10个信义会教堂之一，会堂可容纳1300人。

赫尔辛基大教堂在游客最喜欢参观的教堂中排名第二，仅次于图尔库大教堂。游客喜欢把大教堂称为白教堂，把附近绿色小山上的乌斯彭斯基大教堂（Uspenski Cathedral）称为红教堂，后者也得名于它红褐色的外观，上端洋葱形尖顶是绿色的，饰有金色十字架，建于1868年，由圣彼得堡建筑师阿列克谢·戈尔诺斯塔耶夫（Aleksey Gornostayev）设计，是东正教教堂。红教堂的建材主要是红砖，这也是赫尔辛基不少建筑所用的材料。

阿黛浓美术馆立面

6

　　赫尔辛基的市中心很小，离大教堂不到10分钟的步程就可以走到火车站。

　　花岗岩的火车站也是芬兰著名建筑，为新艺术主义风格，我特意去了两次。赫尔辛基也是自海参崴发出的西伯利亚铁路的终点，美国评论家埃德蒙·威尔逊写过一本名著《到芬兰车站》，描述列宁为了发动十月革命，匆忙从瑞士乘坐火车通过德国来到瑞典，然后滑雪橇进入芬兰，在俄国边境的芬兰火车站演说。我特意买来阅读，想找找列宁究竟是从哪个芬兰火车站进入俄国的，结果不得而知。作者起这个书名，也许是想增添一些文学趣味。距离赫尔辛基180千米的芬兰第三大城市坦佩雷倒是有一座还在开放的列宁博物馆。十月革命前，列宁曾多次来到芬兰，前后居住了近两年时间，写下了《国家与革命》。

　　火车站广场的另一端是阿黛浓美术馆，它是芬兰最受欢迎的博物馆。我们去的时候，里面正在举办托芙·扬松的画展。扬松是漫画形象姆明的创造者，姆明的外形像直立的小河马，却比河马可爱。扬松在2001年去世，2014年是她的百年诞辰，故乡赫尔辛基为她举办了一系列活动，画展是其中之一。同行的朋友麦克在飞机上获知这个消息后，第二天早上邀请我们一起沿着扬松的纪念活动路线漫游，不知不觉中就进了美术馆。扬松不仅是儿童作家，也是一位面向成人的艺术家，画展就展示了她的这一面。

回到上海之后，我特意买了一本她的《姆明和盗贼》。看了一些后，觉得姆明的形象虽然是儿童，许多内容却是成人和儿童都可以阅读，因为她所讽刺的许多现象是成人世界特有的。如"吸吸"是姆明的好友，最喜欢与姆明结伴去寻宝。吸吸最大的梦想是一夜致富，他设计了很多发家致富的方案，但从来没有成功过。发笑之余，会发现吸吸是不少人的影子。

最后回到赫尔辛基时，我又想起了阿黛浓美术馆，猜想除了扬松特展，或许还有其他馆藏作品展出。于是我再去了一次，但发现博物馆的面积太小，没法容纳其他作品，真是遗憾。

我们还去过曼纳海姆大道的国家博物馆。火车站往回走就是亚历山大大街，西侧有200年历史的斯托克曼百货商场（Stockmann），门前是《三铁匠》雕塑。亚历山大大街不长，很快就可以走完。附近还有白色马蹄形的瑞典剧院，从埃斯普拉纳迪公园走回来，就是中央集市。赫尔辛基的市中心真是不大。

《三铁匠》雕塑

任何旅游书都建议人们去赫尔辛基不远处的芬兰堡。芬兰堡是一组小岛，18世纪40年代，瑞典人在岛上修建了许多防御性的城堡、工事以及小型海港，那时叫瑞典堡，是用来抵御俄国人进攻的。后来，岛上爆发了瑞典和俄国之间的战争。1917年，芬兰人将它命名为芬兰堡。岛上有19世纪后半叶修建的木结构的俄罗斯兵营和别墅、海关博物馆和军事博物馆等。芬兰堡的空间很大，1991年，它被联合国教科文组织列入世界文化遗产名录，可能是注重它的历史价值吧。有人说，芬兰堡在6月黄灿灿的油菜花的衬托下分外明艳，从照片看，让我想起了韩国的济州岛。

朋友麦克倒是对芬兰堡有些感触，他在自己的微信上配图说：

"芬兰堡面积不小，我们早上已经消耗了不少体力游览赫尔辛基，下午只能走马观花。孩子们看到这么大一片草地，马上就扔起球来。太太在长椅上歇息着看孩子，我一个人在岛上溜达。岛上的建筑物以实用为主，谈不上精致，但是芬兰的海、阳光和云为她带来独特的风光。这光景我似曾相识，在美国的五大湖，准确地说是苏必利尔湖边，有很多废弃的矿场，那里阳光湖水交织的光影和这里非常相似。明尼苏达州有大量北欧移民，来自芬兰的移民在苏必利尔湖建立了芬兰镇。大概是家乡的光与影让他们选择了这个地方……"

在芬兰堡岛上有一座私人的玩具博物馆，馆主自从买了第一个古董玩具给女儿后就停不下来了。馆内收藏着来自世界各地的玩具，解释这些玩具的来历和历史背景的材料多达十几页，翻译成四国文字，不能带走，阅后要放回原处。

以《芬兰颂》的作者命名的西贝柳斯公园离市中心较远，从火车站步行

赫尔辛基街头

芬兰堡的潜艇

芬兰堡

西贝柳斯公园的钢管雕塑

要 30 分钟，我们去那里欣赏了女雕塑家艾拉·希尔图宁（Eila Hiltunen）创作于 1967 年的很有特色的金属雕塑——600 根错落有致的钢管。我见旁边还放置着一尊西贝柳斯的小型头像，便与它合影，发到微信上。艾拉花了六年的时间完成钢管雕塑后，很多人不认同，抗议为什么雕塑中没有西贝柳斯的具体形象？后来，艾拉才塑造了一个有些丑陋畸形的人像。

在赫尔辛基，让我真正有所感悟的是岩石教堂（又名坦佩利奥基奥教堂，Temppeliaukio Church）。早在 1906 年，人们就想在现在的位置建造一座教堂，但周围有许多公寓楼，居民不愿让大教堂遮挡视野和阳光，所以此事一拖再拖。1960 至 1961 年，建筑师蒂莫和多莫·索马莱宁两兄弟异想天开，竟然想从岩石内开掘出一座教堂来，它的外形像一座低矮的坟丘，打破了教堂千百年来往上建造的惯例。从外面的岩石块看，有点耶路撒冷圣墓教堂的风味。它的入口甚至让我想起韩国庆州那些原始的古坟。

岩石教堂始建于 1968 年 2 月 14 日，为了节约经费，建筑体积只有 13760 立方米，到了 1969 年 9 月 28 日，教堂对外开放，共计花费了 64.8 万欧元。

岩石教堂的官方介绍说：

教堂尽管在岩石内，入口却建在街道平面上。透过教堂周围环绕的岩石墙壁和顶部半球形拱顶之间的狭窄顶窗，日光照亮了椭圆形的教堂大厅。半球形拱顶的内表面是由 22 千米长的铜线编制的，拱顶的直径为 24 米，顶部最高处离地面 13 米。出于对音响效果和外表美观等因素的考虑，建造时有意在四周的墙壁表面保留了原有的粗糙风格，地面下修建的管道排出从墙壁裂缝中流出的地下水。为了让大家了解这种建造方式，还刻意保留了岩石墙壁上的钻孔痕迹。

教堂的装潢遵循芬兰最常用的岩石——花岗岩的色调：红色、蓝红色和灰色。教堂的祭坛墙壁原来是冰川时期形成的岩石裂缝，祭坛桌由花岗岩石锯磨而成，大厅的地面由混凝土磨制，牧师坐的椅子是用钢筋混凝土浇灌的，教堂的长椅是桦木材质……环绕教堂的石头墙则是用开采岩石时挖出来的碎石堆积的。

教堂的管风琴上有 4 副键盘和踏板、43 排音阶排管和 3011 根风琴管，是北欧最大的一架。我们坐在教堂里，音乐环绕，令人陶醉。

岩石教堂确实是赫尔辛基最迷人的地方。

多多妈在微信上摘录了一段赫尔辛基旅游中心写的简介："赫尔辛基的建筑风格是北欧谦逊和文雅建筑风格的典型代表"，显然对此地比较欣赏。

这本旅游小册子列举了赫尔辛基的十大建筑艺术，岩石教堂排第二，参

岩石教堂内部

议院广场第三，火车站第六。其他的我们都没去看过，比如位列第一名的芬兰建筑大师阿尔瓦·阿尔托（Alvar Aalto）设计的作品。我倒是仔细观察过阿尔托设计的埃斯普拉纳迪公园西侧学术书店的外观，并不是很显眼。那天清晨，我走进去匆匆一瞥，据说三楼室内中庭的回廊式空间和带有雕刻花纹的天窗很具象征性，二楼有阿尔托咖啡厅，电影《海鸥食堂》在此取景。我回到上海，仔细欣赏大师在1971年设计建成的芬兰大厦的正面图和内观图，也许是不那么匆忙的缘故，倒也有些明白"谦逊和文雅"的含义了。

　　阿尔托1898年出生于芬兰中西部的库奥尔塔内，1921年毕业于赫尔辛基工业大学，1923年开办事务所。《在北欧，遇见理想的生活与设计》的作者获原健太郎介绍，阿尔托的原名是雨果·汉瑞克·阿尔托，为了将名字列在建筑师名单的最前面，他改名为阿尔瓦·阿尔托。阿尔托在芬兰语中有波浪的意思，这也成为他日后设计的建筑和产品的重要元素。1927年，阿尔托将事务所搬到图尔库，虽然仅在这里工作了6年，但他当时设计的家具至今仍在世界范围内

芬兰大厦

旺销。阿尔托没有受到包豪斯主义等工业素材风潮的影响，仍在芬兰最传统的木材上大做文章，创造了桦木纹理的层积木家具和曲形层压木板座椅。

阿尔托设计了许多产品，代表作是令人联想到湖水等波涛形状的曲线花瓶系列，也叫"阿尔托花瓶"。芬兰现在有 80 多座阿尔托设计的建筑，人们对阿尔托很崇敬，没有使用欧元前，50 马克纸币上曾经印有阿尔托的头像。

十大建筑艺术的第九名，是离市中心不远的康比礼拜堂（Kamppi Chapel），据说是芬兰木质结构建筑的壮举，闹中取静，2012 年 5 月完工。我们没去看，可惜了。

我们对赫尔辛基日新月异的一面了解得太少。

8

努克西奥国家公园（Nuuksio National Park）离赫尔辛基才 35 千米，占地 45 平方千米。芬兰的森林占了芬兰国土面积的 69%。北欧最有名的国家公园是位于瑞典拉普兰地带的阿比斯库国家公园（Abisko National Park），建于 1909 年，也是欧洲第一座国家公园。努克西奥国家公园历史很短，没有什么惊艳的地方，主要由几个湖和茂密的树林组成，代表了芬兰森林的常态。公园有三条游览线路，在树木上钉有红色、橙色或蓝色的木块，每种颜色代表一条线路，来回大约需要三个小时。

森林的道路看似简单，但如果没有这些彩色木块的指示，极容易迷路。我们看完路线图上最后一个被睡莲覆盖的湖，稍微偏离了路线，开始还以为能轻松找到方向，但很快就陷入丛林中。有经验的同行人果断决定原路返回，才摆脱了困境。

遗憾的是，我们一路走来，没有发现公园的标志性动物——俄罗斯飞鼠。

　　国家公园内旅馆的餐饮乏善可陈，房间也很简陋，只有三张单人床。我睡过的芬兰与挪威的单人床都十分高和窄，需要很好的平衡力。北欧人都长得高高大大的，床为何如此这般？好在我们疲劳至极，很快就坠入了梦乡。

　　第二天早晨起来，走到湖边，一层雾气渲染在湖上，昨日餐饮和房间的不舒服一扫而光。

第二章
图尔库

1

1229 年正式建城的古都图尔库是芬兰西部离瑞典最近的城市。人们一般乘诗丽雅游轮，经过一个晚上到达斯德哥尔摩。

图尔库离赫尔辛基 173 千米，"Turku"来源于古斯拉夫语，意思是集市。图尔库的瑞典语是"Abo"，至今还是个瑞典文化气息很浓郁的城市，有 10% 的人说瑞典语。

我们先在离图尔库不远的小镇楠塔利（Naantali）午餐和休息。楠塔利的意思是"美丽的谷地"，这是一个阳光普照的美丽城市，有着 200 年的历史。在 6 月举行音乐节时，会有 1.5 万名游人涌入楠塔利。走进海滨小镇，果然名不虚传，太阳高照。我们在赫尔辛基时，基本上都是阴天，看到晴朗的天空当然很高兴。

楠塔利也是芬兰人度假的最爱，这里有温泉，有非常有特色的木屋和芬兰总统的别墅，每年总统都要来此度假。总统别墅周六傍晚对外开放，公众无须出示任何证件就可以随意进入大门，在花园里参观游览。北欧的挪威、丹麦和瑞典都有王室，但芬兰是共和国，只有总统。

楠塔利小镇

另外两个故事更有意思。有一天上午，芬兰总理在警卫的陪同下走进献血站献血，报纸报道了这件事。没想到有位芬兰读者来信说，无偿献血是每个芬兰人应尽的义务，所有的人都是这样。身为总理，利用上班时间去献血不合适，还要让警卫陪同，更是错上加错。警卫的工资是纳税人支付的，是为了执行公务。献血是个人行为，不应特意配备警察。

另一个故事是，有位芬兰知名的工商业巨头驾驶一辆摩托回家，因超速被警察拦住。警察查看了他的身份证和驾驶证，不为他的显赫身份所动，照样开罚单。由于芬兰交通处罚规定违规者必须按本人工资的一定比例交纳罚款，他共交了 4 万欧元，打破了芬兰交通罚款单的最高纪录。

这也是我第一次知道世界上竟然有以收入高低进行交通违规罚款的。

2

楠塔利的另一个特色是姆明乐园，乐园空间广阔，需要几个小时才能玩完，孩子们就在附近僻静的沙滩边游了一会儿泳。

我们则找了一家意大利餐厅，喝着红酒，享受着味道可口的小龙虾沙拉，开始了北欧之行的第一次美餐。接着，又走进一家家庭氛围浓郁的咖啡馆，看着大海，用着中国式的瓷盘和茶杯，有了点安逸休假的滋味。

我们每到一处，都会去当地的教堂看看。楠塔利的教堂外观古老而朴素，里面也可琢磨一番。我第一次见到天花板上钉着一艘帆船，后来在图尔库城堡（Turku Castle）的小教堂内也看到了类似的摆设。原来这是长年在海上作业的渔

姆明乐园

民献给上帝的祭品，祈祷上帝保佑他们。

黄昏时分，我们来到图尔库，一进城，我就喜欢上了它。我们所住的宾馆面对横贯整个城市的奥拉河（Aura River），河上有几座桥，停泊着许多餐船，两边餐厅林立，河畔人头攒动，欢乐气氛洋溢。图尔库有着赫尔辛基所没有的那种风情，即便是深夜10点，这座城市的夜生活仿佛才刚刚开始。当然，这天是周末。

我们沿着奥拉河到处走走，寻找合适的餐厅，最后在图书馆附近的一家半沉降式的地下餐厅里用晚餐。菜肴相当精致，色彩感很强，也有所创新，当然价格也不菲。

据我参考的旅游攻略说，图尔库大教堂（Turku Cathedral）一直要开放到晚上8点，但哪有教堂晚上还开门的？我虽然不相信，可觉得也许这里的大

图尔库的奥拉河

教堂是个特例，于是急匆匆地赶到那里。大教堂早就关门了，上面明白地写着开放到下午 4 点。

第二天，我再次去大教堂，可惜里面在举行婚礼，又吃了闭门羹。

图尔库大教堂是芬兰最重要的教堂，名声要高过赫尔辛基大教堂，每年来访的人数也超过后者。教堂始建于 1287 年，经过多次重建和扩建，14 世纪末达到目前的规模，建筑风格融合了罗马式和哥特式。1827 年，图尔库的一场大火将大教堂付之一炬，建筑师恩格尔重新修建了 101 米高的钟楼。大教堂旁有一座雕像，纪念的是 16 世纪改革家米卡埃尔·阿格里科拉，他是路德宗的信徒，也是芬兰文《圣经》的译者，积极推动了芬兰文字的发展。由于我两次去大教堂都不得其门而入，只能绕着外墙转悠，于是记住了他的形象，回上海也认真地查索了一番，感受到了人们对他的重视。

我们已经知道阿尔托是芬兰建筑艺术的代表人物，但据《在北欧，遇见理想的生活与设计》的采访，图尔库人布里格曼是他最有力的竞争对手，两个人曾在一起工作过，后来阿尔托迁往赫尔辛基，布里格曼则继续留在图尔库。他的代表作是 1941 年完成的复活教堂（Resurrection Chapel）。

教堂一侧的墙壁上镶嵌着巨大的窗户，室内构成了一种略微倾斜的不对称空间，可以感觉到一种对称空间所不具有的美感。透过浅色的彩色玻璃倾泻下来的阳光、攀援在十字架上的常春藤、新艺术派的铁制作品、雕刻在墙壁上的浮雕等，都可以看出布里格曼独有的审美意识。

从图片上看，复活教堂确实抒情柔美。可惜，我在其他任何资料中都没有看到类似的介绍，几乎所有的人都在推荐 Aboa Vetus & Ars Nova，这是个现代艺术博物馆，在图尔库大教堂附近。这座建筑以前是图尔库首富、烟草工业家和船主的居所，1917 年他死后，对外开放。博物馆门票价格不菲，内容

图尔库大教堂

米卡埃尔·阿格里科拉雕像

却很单薄，只有一个当代艺术家的特展。

倒是博物馆的地下室隐藏着 14 世纪的图尔库古城的遗迹，有圆拱形的地窖、铺石街道和 3 万多件生活用品。当时的图尔库是瑞典王国中仅次于斯德哥尔摩的城市。

3

在我看来，图尔库最美的还是那条奥拉河。我们已到过奥拉河最东端的大教堂，而最西端就是图尔库港，从这里出发可以前往斯德哥尔摩。如果从奥拉河的中部出发，往东走相当热闹，往西走则只能看见一些公寓和厂房。

因为图尔库城堡在东端的港口附近，所以我们往东走了半个小时才到达。快到达港口时，在奥拉河上会看到 7 艘船，它们是海事展览馆的展品，最著名的是"天鹅号"，它是目前世界上独一无二的三桅航海帆船，1887 年起航

奥拉河沿岸

沿岸雕塑

美人鱼尾巴喷泉

奥拉河边"天鹅号"的桅杆

至东印度群岛和南美，1949年是其最后一次航海之旅。天鹅号的姿态很优美，我们后来在斯德哥尔摩与卑尔根都看到过类似的帆船博物馆或旅馆，也许是北欧人刻意想保留自己传统的一部分吧。我小时候非常喜欢帆船模型，拥有它们是我的梦想，儿子三四岁时，我托朋友到温州买了两艘大型帆船模型，以为儿子也会爱不释手，谁知小家伙也就惊叹了几声，便再也没有兴趣了。直到现在，这两艘船模还停靠在我家的地下室和客房里。

4

图尔库城堡要比我们预想的更精彩，它的外形和颜色都十分漂亮，有人说它的正面在阳光下呈蜂蜜色，在冬天则呈灰色。但我最喜欢城堡官方指南封面上的色彩，那是一种淡淡的绿色，与周围的环境协调之至。

图尔库城堡的历史可以追溯至1280年，用岩石垒成，有十几层楼高。这座城堡经常陷入乱战，曾被围困过6次。1550年，瑞典国王古斯塔夫·瓦萨任命他的第二子约翰担任芬兰公爵，约翰公爵便与妻子波兰公主凯瑟琳进驻城堡。当时图尔库在欧洲还非常落后，波兰公主从自己的家乡带来了宫廷时尚，如天鹅绒、缎带，还有勺子和刀叉。夏天，城堡中人到对面的小岛游玩，今天的芬兰人仍然如此。那是图尔库城堡最辉煌的时代。

瑞典国王瓦萨死后，长子埃里克十四世于1560年继承了王位。凯瑟琳公主信奉天主教，并把自己的儿子西吉斯蒙德也培养成了天主教徒，这让信奉新教的瑞典逐渐卷入波兰以及欧洲大陆的政治和军事事务。埃里克带兵围困了城堡，三个星期后，约翰公爵和妻子被打入牢内，关了4年。可埃里克深陷国内的政治缠斗，1568年被剥夺王位，由约翰继位，约翰也把埃里克囚禁在图尔库城堡中，埃里克的妻子则被毒害，图尔库大教堂中有一个小教堂的

图尔库城堡

彩色玻璃表现的就是她的形象，她也被埋葬在教堂内。关于埃里克和他的三个孩子还有许多传说，埃里克的牢房今天也开放供人参观。

天主教问题一直困扰着约翰三世，后来继位的西吉斯蒙德1598年被瑞典人赶回了波兰。这是后话，可图尔库城堡再也没有恢复往日的辉煌。1614年，城堡的主要建筑被火烧毁，宫廷生活移到了东半部。18世纪，城堡成了监狱和仓库。1941年，已经成为废墟的城堡开始重建，经过40年的努力，160间房间恢复了中世纪的面貌。

欧洲中世纪城堡也是青少年时代的我所喜欢的，所以，我到欧洲游玩，很喜欢逛城堡。但城堡给我的真实印象只是阴暗逼仄，有种噩梦感，最典型的就是伦敦塔。不知是后人修复时添加了太多想象，还是本身就是如此，图尔库城堡给我们的印象却极佳。它让我们看到城堡既有阴暗残酷的一面，也有阳光温煦的一面。图尔库城堡本身是一个历史博物馆，设计得很好，生动有趣，孩子

图尔库城堡的堡场

们也很喜欢。其中放置了各种武士装备，供游客把玩。图尔库城堡分为东塔和西塔，主要房间的功能展示得一目了然，如东塔有宴会厅、储藏室、公爵卧室、传达室、门房、休息室、小教堂、看守房和监狱，一应俱全。

几个小时的城堡之旅很是劳累，虽然只是走马观花，有些小细节倒是牢记在心。如8米深的地牢，事实上就是一口深井，很难想象一个人在这样的环境下还能生存多久。我们隔着洞口往下望都不寒而栗，想想彼时的刑罚真是残酷。

女士会客室墙壁的凸窗旁刻有一幅迷宫图案。在当时的地中海和埃及文化中，它是用来阻止恶魔的，进入房间的恶魔会在迷宫中走投无路。人与魔鬼的斗法游戏很有趣。

图 尔库城堡内院

图尔库城堡

城堡的拱形窗户

5

　　1827 年的图尔库火灾烧毁了城内几千幢建筑，城市几乎夷为平地，但有一块地方因为位于小山丘，而且比较僻静，便幸免于难。这就是修道院山，今天这里建立了手工艺博物馆（Luostarinmäki Handicrafts Museum）。与北欧其他的露天博物馆不同，它就在原地创建，没有任何再建的建筑。这些屋子非常简陋，巷子之间也很狭窄，当年大概也是穷困人家吧。为了让这里有些人气，也为了让今人知道当时的人们是如何生活和工作的，工作人员扮作各种手艺人，如纺纱工、糖果商、金匠、面包师、缝纫师和制鞋匠等。院子里还有一处种着烟叶，开出的粉色花朵也很漂亮，附近的房子应该是制造烟丝的。

　　我注意到这些原始房屋，有些像传说中的七个小矮人的房屋，又小又矮。当年的图尔库穷人可能比较瘦小，才能够在这么矮小的房子里生活，想来十分辛苦。当今，包括芬兰在内的北欧国家福利让人羡慕，可其现代化进程至今 200 年都不到。也就是说，今天世界上贫富最均的北欧人的变化也是很晚才发生的事情，这也提醒我们，也许不能把许多落后之处归咎于太长远的过去；同时也要记住，物质生活的变化也是很快的，我们中国人这 30 年的体会应该更加深刻。

图尔库城堡的楼梯

　　到达图尔库的第二个黄昏，我们就在码头等待去斯德哥尔摩的游轮，由于去得比较早，我们就闲聊起芬兰的现状。多多爸在图尔库待了7年，他整天都在探访老朋友。他告诉我们，芬兰的经济近来并不好。图尔库朋友解释说，这是因为芬兰加入了欧元区，被其他欧元区国家拖下水，没有竞争力。他们感叹芬兰的邻居挪威与瑞典没有采用欧元，经济就好多了。

图尔库手工艺博物馆

图尔库的老木屋

手工艺博物馆种植的烟叶

手工艺博物馆扮作各种手艺人的工作人员

  图尔库人还对自己国家高福利的持久性有些忧虑。芬兰是个长寿国，人均寿命女性为 82 岁，男性为 74 岁。芬兰人的预期寿命越来越长，现在 100 岁以上的老人越来越多，未来的年轻人如何支撑如此高的福利是个问题。

  多多爸说，芬兰向老弱病残提供的福利非常全面，一个人如果要出行，只要他没法照顾自己，国家就必须派一到两个人陪护，难以想象这在人工极贵的芬兰要花费何等的人力物力。多多爸又说，当时他和芬兰医院领导的工资差距很大，但由于高所得税，他们的真实收入差距并不大。一旦领导退休，其收入就足够他游山玩水，优哉游哉，所以他很早就盼望着退休了。芬兰男女正常退休的年龄为 65 岁，退休者不仅可以领取养老金，还可以领取与工资挂钩的职工退休金，工龄满 40 年的职工退休金相当于原工资的 60%，没有退休金收入的老人可以领取国家提供的国民养老金。

北欧的老人是幸福的。我们旁边座位有位老太太，她也是乘诗丽雅号去斯德哥尔摩，不过她到了那里并不下船，而是再回到图尔库，她只不过是想享受一下乘坐游轮的乐趣罢了。

应该说，身为芬兰人是幸福的。张直鉴大使在《千湖之国：芬兰》中介绍说，各种假日占去了芬兰人全年三分之一的时间，他们大部分的节假日几乎都是在自己的别墅里度过的。"芬兰全国共有私人别墅 40 多万幢，它们大多坐落在风景优美的湖边，有桑拿木屋和小船。别墅里的厨房用具和室外烧烤用具一应俱全。"

7

多多爸是医生，平时很忙，难得有空聊天。我问他一个问题，是不是由于中国医生每天接触的病人多，经验丰富，其医术要高于外国医生？比如芬兰医生？

多多爸说，他刚去芬兰时也有这种想法，就问了当地的华人同行。人家只是笑笑，不回答。后来多多爸自己琢磨出来，芬兰人平日的小毛小病都被当地的社区医院和健康中心医治了，真正的疑难杂症才会让大医院的医生看。而全芬兰每种疑难杂症可能只交给几个专家看，因此他们收治的病例要比中国医生多得多。

确实，所有的芬兰公民都被纳入政府的健康保险计划，地方政府负责当地的社区医院和健康中心。去健康中心看病，最高诊费是 11 欧元，每天的住院费用是 26 欧元，看牙医的基本费用是 7 欧元。

公共健康服务的最高收费标准是每人每年约 600 欧元，健康保险计划负责报销 60% 看医生的普通费用以及超过 42% 的药品费用。此外，如果是病休，政府还可以提供相当于工资 70% 的疾病补贴，标准为每天至少 15 欧元。

芬兰人的失业救济金一般为失业前工资的 60%，对一些低收入工种，失业救济金可达 90%。失业 500 天后，根据一定的条件，还可以获得每天 24 欧元的子女补贴。贫困户每月可以得到至少 399 欧元的生活补贴，低收入人群每月可以得到 240 欧元的住房补贴。年满 16 岁的残疾人可享受抚恤金和家庭服务。

芬兰妇女休产假期间，可以在近一年的时间里享受到其正常薪水 70% 的补贴，新生婴儿的父亲也有三周的父亲假。父亲或母亲还可以选择照顾新生婴儿的不带薪假期，政府每月向他们提供 300 欧元补贴，一直延续到孩子年满 3 周岁。17 岁以下的孩子每月可以从政府那里获得 72 到 100 欧元的补贴，不受他们父母收入的影响。

芬兰的教育竞争力世所公认，不必细谈。张大使介绍说，芬兰的教育福利也是丰厚的，芬兰孩子从小学到大学全部免费，大学教育之前的书本和午餐也是免费的。每个大学生每月可以获得约 300 欧元的学习补助和 200 欧元的住房补贴。

其实北欧几个国家的福利大同小异，互相影响。

这些北欧国家的福利政策是否可以一直维持下去？谁也说不准。一场金融危机就差点让冰岛政府破产。诺基亚向来是芬兰的骄傲，可转眼间就被微软收购了（我们还特意去看了位于埃斯堡地区的诺基亚大厦）。

新加坡的李光耀的看法则是，北欧过去完全是斯堪的纳维亚人的天下，他们可以说是一个"部落"，富人拿出一些钱补贴给穷人，彼此平等些，不会招来互相的怨气。可随着外来人口的不断增长，有一天这种平衡会不会打破？

　　我们正聊着，游轮靠岸，幸福的芬兰人下船，从我们所在的候船大厅走过。有个同行人眼尖，发现他们大多扛着或拖着一箱箱啤酒。看来船上的啤酒与芬兰当地的啤酒有差价，可一箱啤酒的差价究竟几何？我们看着他们陆陆续续地拉着、抱着、拖着一箱箱啤酒走过来，有些滑稽。最后，一群芬兰男女看来是有些喝醉了，又唱又跳，十分幸福。

　　晚上8点多，游轮起航，晚餐还不错，海鲜挺丰盛，颇合我的胃口。第二天早晨5点不到，我们就在甲板上看海上日出了，船在一个个岛屿之间航行，很像当年在浙江淳安千岛湖上的感觉。但海上显现的色彩无比丰富，以深蓝和血红为主色调，夹杂着些许黄色。

日落时分图尔库

第三章
斯德哥尔摩·上篇

　　游轮早晨6点多就抵达斯德哥尔摩，我们到市政厅隔壁的酒店放好行李，才7点。斯德哥尔摩的景点一般都在10点开放，唯一的选择就是漫步城市大街。

　　尽管天色阴阴的，但走出酒店不远，就觉得斯德哥尔摩气势恢宏，不愧为欧洲的大都市，不是芬兰的赫尔辛基与挪威的奥斯陆可以比拟的。北欧五国，瑞典最大，面积为45万平方千米，在西欧位列第三，几乎与西班牙和法国相当，比美国的加州还要大。瑞典的人口也是北欧国家中最多的，1038万，可在欧洲看来，是个人口小国。芬兰和挪威的面积差不多，分别是33.8万平方千米和38.5万平方千米。芬兰的面积相当于中国江苏、浙江和安徽三个省的总和，是欧洲的第七大国。芬兰和挪威的人口差不多，分别为555万和545万。芬兰与挪威还有一个特点，它们与中国只隔着一个邻国——横跨欧亚大陆的俄罗斯。丹麦与冰岛哪个大？冰岛大，10.3万平方千米，比丹麦的4.3万平方千米大一倍多。可丹麦的人口是591万，比芬兰还多，冰岛则只有37万。丹麦在北欧比较特别，人口密度较高，每平方千米有137人，瑞典、芬兰、挪威和冰岛都是地广人稀，每平方千米分别只有23人、16人、14人和3人。

斯德哥尔摩骑士岛

我和麦克在讨论，我说瑞典当年也是欧洲强国，要不是被俄罗斯打败了，说不定今天还要更强大呢。麦克说可能在历史上瑞典的出口贸易相当强悍吧。

在当地买了一本基姆·洛翰（Kim Loughran）的《走过瑞典的一年四季》，写得不错。回到上海查了一下，原来19世纪末瑞典还是欧洲最贫穷的国家之一，但随着铁路的建成，瑞典北部丰富的森林、铁矿和水力资源得到充分利用，在短短的50年间，瑞典就成为世界上最富有的国家之一。瑞典国内大多数国际出口公司在此期间创建，其中许多公司靠创新发明起家。我们都知道诺贝尔发明了硝化甘油炸药，事实上瑞典还发明了滚珠轴承、牛奶分离机、无人值守灯塔、船用推进器、蒸气涡轮机和冰箱等，后来这里又诞生了心脏起搏器、AXE电话交换机、电脑鼠标、GPS导航和蓝牙技术。

从贸易看，今天瑞典的机械工程类（汽车、电气、化学和电信行业）产品占出口额的60%，当年的支柱产业钢铁和造纸业在全国出口收入中的占比仍超过五分之一。

2

斯德哥尔摩的早晨没什么人影，麦克很不习惯。前面说过，我早已习惯清晨独自一人在大街上行走，这样可以很安静地体会当地的神韵。斯德哥尔摩有湖有海，14座岛由桥连接，气象万千。

市政厅在国王岛（Kungsholmen），我们先是向船岛（Skeppsholmen）出发，因为据说在那里可以拍到斯德哥尔摩的全景。途中经过著名的富有法国风情的斯德哥尔摩大酒店，这家带有柔和的法国风情的大酒店建于1874年，是瑞典著名的五星级酒店，以精细、有代表性的瑞典菜和类似凡尔赛宫的超大房间闻名，可同时接纳800人。直到1929年，酒店的宴会厅都是诺贝尔颁奖典

斯德哥尔摩的建筑

桥栏杆上的金色王冠

礼举行的地方。

如果再到斯德哥尔摩，大酒店是不错的选择。

另一座建筑是讲求和谐对称风格的国家博物馆，里面收藏有勃鲁盖尔、伦勃朗和鲁本斯等人的作品，虽然不是欧美超一流的美术馆，但值得一看，可惜在整修中，不开放。

通往船岛的桥栏杆两侧各有一顶金色的王冠，人们喜欢透过它拍摄对岸的景色。由于我看到过类似的照片，见到真物虽觉平常，可也有一种熟悉之感。

所谓船岛，意思就是用船和其他岛相连。另一个解释是在 17 世纪，这里是瑞典海军以及瑞典造船业的发源地，许多专业的木匠和手工业者在此制造出有名的船只和可以远洋航行的大船。18 世纪末期，船岛发展成城市公园，供人们休闲。到了 20 世纪，瑞典海军从这里撤走，船岛成了博物馆岛，有远东博物馆、摄影博物馆、建筑博物馆和现代博物馆等。

我们去的时候，它们当然都没开门。我们爬上船岛的小山丘遥望对岸，发现如果要拍斯德哥尔摩全景，可能要上博物馆的高楼。不知道我们猜测得对不对？只能留有遗憾了。

　　在船岛，给我留下印象的是停泊在岸边的一艘英国帆船，原来是用来培训船员的，现在改作青年旅馆。这个创意很好，如果我年轻时一个人旅游，会考虑在那里住宿。其实，我在图尔库海事展览馆附近也看到一艘船改造的旅馆，没上去看看，不知感觉如何。

3

　　看看时间差不多了，我们转身朝动物园岛（Djurgarden）走去。途经东城的斯特兰德瓦根大街（Strandvagen），这里矗立着 19 世纪末至 20 世纪初斯德哥尔摩的名门望族建造的高大精美的华宅，气势磅礴。我估计这是瑞典经济起飞时的产物，在此之前这里是牧区。它们面对着众多小船、渡轮和码头，颇有上海外滩的派头。若算算时间，上海外滩与这些建筑产生于差不多的年代，

遥看斯特兰德瓦根大街

所以风格上有些相似，可惜我没有找到更详细的资料来作对比。

当地的旅游指南都推荐斯特兰德瓦根大街西北端尼布罗广场的皇家戏剧艺术剧院。"这是一座典型的装饰艺术风格建筑，白色大理石的外表借鉴了维也纳建筑风格，剧院顶部的雕塑是卡尔·米勒（Carl Milles）的作品。1908年落成的剧院以富丽堂皇的内部装饰和高水平演出而独具特色。"（《斯德哥尔摩旅游指南》，桑波格纳罗）卡尔·米勒是瑞典现代雕塑家，斯德哥尔摩东北的利丁岛（Lidingo）上有他的雕刻作品公园，也曾是他的工作室和家园。我下次去斯德哥尔摩，一定要仔细观赏一下剧院。

在斯特兰德瓦根大街的精品店里，我们意外地发现了一匹镶嵌在水晶中的蓝色小马。当代瑞典工艺品的一大特色是色彩斑斓的手绘小红木马。马在北欧神话中扮演了重要的角色，因为当地神话的诸神之父奥丁的坐骑就是一匹有八条腿的马。在1939年举办的展览会上，一匹巨型木马被安放在瑞典馆的入口处，引来众人关注，红木马从此蜚声国际。在瑞典各处，人们经常会看见红马，如市政厅门前就有一匹。不过比起红色的，我们更爱精品店中的蓝色小马。

斯特兰德瓦根大街上的建筑

4

我们在斯德哥尔摩只停留了一天半的时间，要对这个大城市作初步了解至少需要三天。我在上海曾反复琢磨取舍，把重点放在动物园岛上的瓦萨沉船博物馆、市政厅和老城区，其余时间就用来浏览市容。

我先罗列一下下次去斯德哥尔摩时计划参观的地点。

第一站，斯堪森露天博物馆（Skansen Open-Air Museum）。它与瓦萨沉船博物馆同在动物园岛上，是世界上最古老的露天博物馆，创立于1891年。哈塞利乌斯是一位人类文化学者，他有感于瑞典与其他欧洲国家一样在激进的工业化发展进程中逐渐丧失了自己的传统，便把坐落于瑞典各个角落的房屋、农场甚至整个村庄都放在一起，于是有了150多栋建筑、占地30万平方米的斯堪森。哈塞利乌斯还是北欧博物馆的出资建造人，北欧博物馆就在动物园岛的入口处，北方后期文艺复兴风格的宫殿式建筑很是雄伟。博物馆现有文物超过150万件，包括一张按照17世纪式样布置的著名的豪华餐桌，呈现的是过去500年瑞典人的生活、文化和劳动。

斯堪森应该有点意思，不是走马观花就能对付的，尤其是孩子们在一起玩，没个半天可出不来。我当时还觉得有点对不起孩子，可参观了瓦萨沉船博物馆后，就没有这种感觉了。

第二站，皇后岛宫（Drottningholm Palace）。它离市中心比较远，搭乘市政厅开去的游船需要50分钟。从1981年开始，这里成为皇室的行宫。在某种程度上，老城区的王宫带有仪式上的意义，皇室成员主要住在这里。宫殿最初建于16世纪，但后来毁于一场大火。17世纪中期，赫德维格女王聘请名建筑师建造了3层、220个房间的宫殿以及周围的园林。欧洲所有的皇家园林几乎都摆脱不了法国凡尔赛的影响，皇后岛宫也不例外，它被称为北欧的凡

皇后岛宫花园

尔赛。

皇后岛宫比较有特点的是一座中国风格的亭子，它是 18 世纪欧洲迷恋中国式园林的产物。还有一座木制的剧院，至今仍然保持着当年的结构和装饰。"事实上，这或许是唯一一个经历了 200 年还没有什么变化的剧场，包括它的舞台设备、背景和陈列。"（《斯德哥尔摩及其周边地区》，Monica Bonechi）联合国科教文组织将剧院、皇后岛宫和中国亭（Chinese Pavilion）同列为"世界遗产"。

5

《走过瑞典的一年四季》说："自然风光总是近在咫尺，即使是在你百年以后也一样，因为瑞典有数不尽的风景优美的墓地。"旅游指南上没有介绍斯德哥尔摩南部一处风景优美的森林中的公墓，可它的森林风景与富于艺术性的建筑获得了有识之士的高度评价。这座森林墓地 1940 年建成，有火葬场和教堂等设施，散布着约 10 万座坟墓。1994 年，它成为首座被评选为世界文化遗产的 20 世纪以后的建筑。

《在北欧，遇见理想的生活与设计》的作者荻原健太郎由衷地发出感叹："葬礼多的日子，为了避免各家遗属相互见面，从等候室到教堂的路线被设计为单向通行。另外，为了让等候室光线充足，窗户被开得很大，家具的棱角也被磨圆，以便带给人安全感。总之，很多方面都体现了设计的人性化关怀。"

他还说："走入森林深处，十字架、石碑和各种形状的坟墓静静地伫立着，阳光透过树缝洒落在上面。这里的花都种在地上，偶尔能看到带有鸟形雕塑的墓碑，这是为了让那些故去的人在亲人无法来扫墓时也不会感到寂寞。"

我十多年前就看过有关森林公墓的纪录片，被它所营造的氛围所感动。

顺便一提，在瑞典南部的霖克坪小城边上，20世纪80年代后期修建了圣马可火葬场有名的墓地，它延续了斯德哥尔摩公墓崇敬自然的传统，将建筑和周围环境完美结合，共同构成了一幅优美的风景画。

我们经常听到由于世俗化的影响，欧洲、包括北欧信仰基督教的人日趋减少，可你在现当代设计的教堂和墓地里，会发现信仰已经内化到人类的精神深处。

斯德哥尔摩公墓有地铁可以到达。斯德哥尔摩地铁长达108千米，有一半精心装饰着各种现代壁画和雕刻，俨然一道地下画廊。市中心国王花园站的出入口最引人注目，表现的是带有瀑布与各种植物的地铁花园，还仿制了瑞典某个宫殿的考古挖掘遗址。我本想晚上强打精神去看看，可发现没有换瑞典克朗，只能作罢。

我也很乐意去长岛的监狱旅馆看看，它有着250年的历史，1975年才弃用，建筑的主要功能已经失效，我想将它与赫尔辛基的监狱比较一番。我看过建于1071年的牛津石竹城堡的照片，它在诺曼中世纪的时候是座监狱，直到1996年才停止使用，成了一家豪华酒店。它走廊中部的金属楼梯和房间的窗户与赫尔辛基极为相似，但比后者明亮多了，房间也很宽敞。不过，牛津石竹城堡没有赫尔辛基的那么有监狱味。现在，上海的提篮桥监狱也被弃用了，不知道以后部分是不是也要作为监狱旅馆？

现在的长岛绿树成荫，可在19世纪前，这里是个多岩之岛，不生长任何植物，当时的犯人绝不能享受什么景致。19世纪政府决定开发长岛，让犯人用泥土来覆盖岛上岩石裸露的表面，然后种下了约3000棵树。岛上仅有的一家餐馆也很有来历，它建于1670年，1724至1827年间，这里曾是防范性拘留中心，拘留被指控过着所谓放荡生活的女人。

北欧各国好多风气都很相似，丹麦城市里伯（Ribe）也有一家以旧拘留所命名的旅馆，前身是关押全城罪犯的监狱。里伯还有一个拘留所博物馆，馆里有一个洞穴，是丹麦历史上的大盗在 1949 年企图越狱时所挖掘的地道遗迹。这个大盗生于 1896 年，卒于 1958 年，一生罪恶累累，在此服刑 30 年，越狱 5 次，但均告失败。

6

瓦萨沉船博物馆是很多人认为斯德哥尔摩最值得去的地方。微信时代很有趣，我还没到斯德哥尔摩，在美国的大学同学就建议我去瓦萨沉船博物馆。

这个博物馆真是很热门，等我们从里面出来的时候，外面早已大排长龙。还好我们去的时候是一大清早。

走进博物馆，巨大的瓦萨号的气势扑面而来，让人措手不及。

说起瓦萨号，首先得提及当时的瑞典国王古斯塔夫二世·阿道夫（1594—1632 年），他 1611 年继承王位，这时瑞典已经成功地将自身统一为一个高度中央集权、军事化的主权国家。古斯塔夫二世作为虔诚的路德教徒，在瑞典教会的帮助下，继续推进国家官僚的集权化和有效管理。即便在宗教界也是如此，天主教和东正教都被宣布有罪，信奉它们的教徒被没收财产并驱逐出境。

古斯塔夫二世继位后的 1618 年，欧洲爆发了三十年战争（1618—1648 年）。战争的起因在德国，一方面是天主教徒和新教徒的斗争，另一方面是德国王公们反对皇权，战争后来演变成了欧洲的争霸战。

1618 年，德国新教王公反叛由西班牙支持的天主教反改革运动的神圣同盟，矛头直指波希米亚与匈牙利国王斐迪南。1619 年，斐迪南当选神圣罗马帝国的皇帝，同年，新教贵族推选新教同盟的领袖腓特烈五世为波希米亚国王，但1620年，德国新教徒被击败。

瑞典的老冤家丹麦国王也是路德教徒，他见势不妙，便出兵干预，可在1626年兵败斐迪南二世，从此没法再争霸欧洲。同年，斐迪南皇帝要求帝国内的新教王公归还被没收的天主教会财产，新教贵族大受打击。

瑞典在三十年战争开始的时候保持中立，等待时机。1629年，瑞典结束了与波兰的多年战争，在第二年进军中欧。1631年，瑞典在萨克森的布莱登菲尔德战役中击败了哈布斯堡王朝的将军提利，与德国北部的主要新教强国结成联盟。

法国虽然是天主教国家，但它认为哈布斯堡王朝才是阻碍法国称霸的真正敌人，于是向瑞典提供经济援助。瑞典如虎添翼，在1632年4月击毙提利将军，但11月6日，古斯塔夫二世也在吕岑战役中阵亡。

可是，古斯塔夫二世已经成功地将瑞典打造成了欧洲最大的军事机器，其后的将近20年中，在善战的将军领导下，瑞典统治了德意志波罗的海沿岸的大片地区，成为欧洲一霸。《瑞典史》的作者尼尔·肯特评论说，这部分是由于古斯塔夫二世的聪明才智："在瑞典1630年参与到战事中时，它拥有了一种重要的军事和政治地位，这是它以前从未取得过、今后也不会再取得的地位。用现代话语来表述，它变成了可称为超级大国或至少具有超级大国表象的国家，而事实上它根本没有人力和财力长久地维持那种地位。"

7

古斯塔夫二世不仅将瑞典打造成陆军强国，而且也使其成为海军帝国，波罗的海很快变成瑞典的内湖。古斯塔夫二世的名言是"王国福祉，一靠上帝，

瓦萨沉船博物馆

北欧博物馆入口大厅的古斯塔夫雕像

二靠海军"。可是，17世纪20年代瑞典海军的发展极不顺利，3年之内，海军已经损失了12艘大船。1625年，风暴袭击巡航里加湾的瑞典舰队，10艘战舰搁浅并撞毁。也就在这一年，瓦萨号建造合同签订。1627年，瑞典舰队与波兰舰队激战于波兰沿海，瑞典旗舰老虎号被俘，为了避免被俘，另一艘战舰太阳号选择自沉。

1628年8月10日星期日，瓦萨号首航。对古斯塔夫二世和他的臣民来说，这是多么值得期待的事情啊。

17世纪时人们把庞大的军舰称为"御船"，而瓦萨号又是御船之冠，它的船壳用1000棵橡树建造，配备了64门火炮（48门24磅火炮、8门3磅和2门1磅火炮以及6门迫击炮）、高于50米的桅杆和成百块鎏金描花雕刻。1000棵橡树可不是小数目，为了保证海军的需求，瑞典当时立法，谁要是擅砍橡树，初犯罚款40马克，再犯80马克，三次砍头。

1628年夏，瓦萨号从斯德哥尔摩市中心的布拉谢岛造船厂移至王宫下的码头，首批所需的压舱石、军火弹药以及火炮在此运到船上。

8月10日，瓦萨号被拖至斯鲁森启航。当天风和日丽，因为那天是节日，所以船上不仅有约100名船员，还有他们的家小。瓦萨号还要配置300名士兵，但他们当时并不在船上，毕竟船还没有出海打仗。

船员们升起了10张帆中的4张，发射火炮致敬。瓦萨号在无数民众的目送下缓缓驶入帖各尔湾（Tegelviken），这时一阵强风冲击帆船，瓦萨号顺风强烈倾斜，过了一会儿，稍稍恢复了平衡。可到达贝克霍尔姆岛(Beckholmen)后，瓦萨号向右倾斜，海水从炮口进入，它彻底沉入海底。

岸上的人一定目瞪口呆，因为瓦萨号只行驶了1300米就沉了。

船上的人也傻了。海军上将艾瑞克正在船舱里检查火炮，海水涌进来了，他赶紧爬出下甲板。水已经高得导致扶梯松动，他好不容易逃生，但因呛水过度和被舱盖击伤，卧床数日，差点死去。由于瓦萨号离岸不远，很多人赶来抢救，但仍有约50人葬身海底。几百年后，人们又在沉船上发现了25具尸骨。

两周后，海难消息传到正在普鲁士的国王古斯塔夫二世耳中，他马上认为"轻率和疏忽"是导致瓦萨号沉没的原因，下令惩罚责任人。

8

按惯例，瓦萨号的丹麦裔船长舍弗勒·汉松出事后就被逮捕，但他否认火炮没有固定好或者有船员醉酒的指控。水手们的口供也是一致：船上没有任何差错，那天是周日，他们刚领完圣餐，没人喝酒。

汉松和船上的其他人都认为是瓦萨号的设计出了毛病，压舱的东西都装上了，船还是不稳定。跟船壳、索绳及火炮相比，船的吃水部分太小，而桅杆、衍架、帆和炮导致船的上部太重。

更多的信息披露出来，瓦萨号之前进行过稳定性试验，30个人横穿甲板来回跑动，跑了三次就不得不中止。军机大臣也在现场，竟然对此视而不见，只说了一句："如果国王陛下在场，当不至此。"这话什么意思？我只能认为他在很官僚地推卸责任。

要追究造船者的责任吗？令人哭笑不得的是，主事者在一年前已经去世，其他人一口咬定瓦萨号的尺寸大小是经过国王本人批准的，船上火炮的数量也是合同上明确规定的。

最后，谁也没有受罚，谁也没有获罪。

瓦萨号沉没不到一个月，军机大臣的旗舰船在一次风暴中与另一艘瑞典船只相撞，旗舰搁浅撞毁。接着，另一艘海军大船在另一个地方搁浅沉没。

瑞典海军真是多灾多难。

瑞典海军的地理位置也不佳，波罗的海群岛之间狭窄的航道使大船的航行很困难，完全要靠风的帮助。如果风向不对，从斯德哥尔摩到开阔的外海海面，短短的几十里路需要花一个月的时间。风向对的话，只需要几个昼夜。短短的4年间，瑞典损失了15艘军舰，有13艘是因航海性能问题沉没的。风向的突变会使船只飘向海岸，以致最终搁浅，把这样笨拙的大船从海岸救出来的可能性很小。

9

瓦萨号沉没到底是谁的责任？

350年后的今天，考古学家证实了瓦萨号船长和船员的说法，火炮确实固定牢固整齐，承装压舱石的底舱确实塞满。现代技术测试，瓦萨号顶部过重，不需要太大的风就可以将它吹倒。

瓦萨沉船博物馆的官方介绍认为，军机大臣、国王和造船师都有责任。军机大臣不能让瓦萨号在稳定性测试中顺利通过，但瓦萨号已经完工，在普鲁士征战的国王又迫不及待。国王的责任是肯定了瓦萨号庞大的规模，急于求成。造船师的问题很明显，但瓦萨号的造船师经验丰富，造过多艘好船，瓦萨号结构完好，17世纪所有装备多门火炮的舰船都很高，很不稳定，沉船的情况也经常出现，当时的人很难看出瓦萨号顶部过重的问题。

今天的造船专家认为，真正的原因是瓦萨号的大胆创新与17世纪造船知识的不完善发生了致命的冲突。"17世纪的船舶制造者不会制图，也不会计算稳定系数。造船师唯一可以借助的是一张数据表，上面记载着新船的尺寸，再根据经验计算比例。计算方法通常是祖传的，极为保密，因此新船通常是

瓦萨号沉船

瓦萨号沉船雕刻

循旧例而建。"（《瑞典史》，尼尔·肯特）

可瓦萨号的大小超越当时的军舰太多，需要突破性的造船技术和理论，这就酝酿了悲剧。历史上类似的创新绝大部分以失败告终。

我总觉得瓦萨号的诞生颇符合古斯塔夫二世的性格。在这位 38 岁就战死的瑞典国王登陆参与三十年战争后不久，德国勃兰登堡的选帝侯派出使者，自愿为皇帝斐迪南二世与瑞典调解。古斯塔夫二世的答复中有一段说：

> 我不相信战争使选帝侯殿下如此惊慌以致躲藏起来，任凭财产被人掠夺。您不知道皇帝的意图是从帝国中拔掉我们的福音教会吗？您还能有什么期待呢？对选帝侯来说，或是放弃信仰，或是离开故土。你们以为用祈求、恳求或其他办法能够获得更好的结果吗？看在上帝的分上，想想吧，镇静下来吧！该做出勇敢的决定了……直截了当地说，我不希望中立，也不愿意谈起中立。选帝侯应该宣布自己要么是我的朋友要么是我的敌人。当我接近你们的边界时，他将宣布是赞成还是反对。这是神和魔鬼的斗争，如果选帝侯还信神，那就应该与我会合；如果他想与魔鬼为伍，那我们就打，没有中间道路……（《瑞典史》，尼尔·肯特）

10

到现在，瓦萨号的故事还没有讲完一半。我在 7 层楼的展厅爬上爬下，从各个角度观看近 70 米长的瓦萨号原型，直到头昏脑涨。博物馆的内容若要琢磨各个细节，差不多需要一天时间，我没那么多时间和体力，好在回家可以看博物馆提供的说明书，对瓦萨号的打捞与维护明白个大概。

1628 年瓦萨号沉没后的几天，就有英国人获得了独家打捞的许可，但半途而废。接着政府接管打捞工作，一年后也放弃了。其后 10 年内，各种人都对船上的 64 门火炮垂涎欲滴，想尽办法打捞，均告失败。17 世纪 60 年代，也就是瓦萨号沉没 30 多年后，一个瑞典人和一个德国人有了重要的收获，他们发明了潜水钟，操作方法类似于将杯子倒放在水中，一部分空气存留在潜水钟的上部，可以提供潜水员水下工作时需要的氧气。

在这两位聪明人的指挥下，潜水员身裹皮衣，脚穿双层皮鞋，站在潜水钟下悬挂的铅板上，潜入 30 米深的黑暗中。潜水员先将每门重一吨的火炮从炮架上松开，然后将火炮移开，最后将火炮捞到地面。1664 至 1665 年间，他们竟然打捞了 50 多门火炮。

当时的人觉得瓦萨号的宝贝已经被发现，它就随之被遗弃了。

20 世纪 50 年代，瑞典的海战史家安德斯·弗兰森对瓦萨号产生了兴趣，他注意到瓦萨号沉船极有可能还在水底下。因为波罗的海与其他海域不同，海水含盐量低，没有其他海水中咬食木头的那种蛀船虫，沉船可以长达几个世纪甚至上千年不腐烂。

但是，这时已经没人知道瓦萨号沉没的确切位置了，弗兰森只能自己带着工具出海到斯德哥尔摩港湾，寻找瓦萨号。几年间，他陆续打捞到生锈的铁锅、女式自行车、圣诞树和死猫等许多奇怪的东西，终于在 1956 年 8 月 25 日发现了一块变黑的橡木，那可是制造瓦萨号的原材料。几天后，潜水员费尔廷在水中确认了瓦萨号的存在。从此，这两个人成为打捞瓦萨号的先驱，费尔廷曾在水中工作一年半，很执着。

有意思的是，从 1957 年开始的具体的打捞工作，潜水员使用的工具还是 17 世纪 60 年代发明的潜水钟。他们用了整整一天时间打捞出了一门火炮，与 300 年前的效率差不多。

11

不过，与 300 年前的人不同，弗兰森等人的目标是要让瓦萨号整个浮出海面。

这是没有先例的尝试。人们提出了不少有趣的方案。方案一，将瓦萨号冻成一个大冰块，让它自己浮上水面，然后将冰山拖到太阳底下融化，瓦萨号就上岸了；方案二，用足够的乒乓球填满瓦萨号，它将自动升到水面。

最后还是采用了常规的技术，"将粗钢缆穿于船壳之下，和灌满水的浮桶相连。当浮筒中的水被抽空时，浮筒就会上浮，使缆绳拉紧，从而将瓦萨号从海床上提升起来"。

1961 年 4 月 24 日，沉睡海底 333 年的瓦萨号破水而出，震惊世界。但瓦萨号底舱的泥浆足有 1 米厚，考古学家必须在接种各种防细菌的疫苗后，才能上船。5 个月内，有 14000 件发现物被登记在册。

虽然瓦萨号异乎寻常地完好，船壳依然完整，但其他部分的破损还是很严重。专家和工人们开始拼装 13500 多块碎片。瓦萨号当初建造时没有图纸，人们必须通过想象力和一点点的线索，一块一块地慢慢找到互相吻合的地方。结果，修复后的瓦萨号，95% 是原物。

我们走进瓦萨沉船博物馆就会闻到一股强烈的药水味，它来自维护瓦萨号的液体。少盐、缺氧的海水和泥沙保护了瓦萨号，但打捞上来后很容易受损。一上岸，首先必须进行防腐处理，否则被水浸泡的木头在干燥的空气中很容易粉碎。

人们喷洒的是水和聚乙烯乙二醇的混合液，它具有渗透木材、置换水分的功能，能避免缩水和破裂。一般的小件可以浸泡在溶液内，但瓦萨号重达 1000 吨、体积 900 立方米，渗透水的橡木无法这样操作（整条船需要清出

装饰精美的船舶模型

580 吨水分），所以只能对船体进行喷洒。500 个喷嘴喷洒溶液，每次喷洒 25 分钟，间隔 20 分钟后，又开始另一次喷洒，昼夜不停，博物馆大楼里雾气弥漫。当然，现在的瓦萨号不再需要如此喷洒。

人们在黑暗的海水中发现了瓦萨号 10 张帆中的 6 张，由于它们很容易破碎，只能在水下处理。"帆被打开，清洗，然后用酒精和二甲苯擦干，再装裱在玻璃纤维网上。170 平方米大的世界最古老的帆因此得救。"

瓦萨沉船博物馆介绍说，保护瓦萨号是个永无休止的过程。2000 年，他们发现瓦萨号受到良好保护的木头竟然开始渗出硫磺，原来在海底的这 300 多年中，硫磺已经渗透进瓦萨号的木料中。

12

瓦萨沉船博物馆于 1991 年 6 月 15 日开馆，建筑外观是以"软铜帐篷"覆盖的 1879 年的高莱船厂旧船坞，北欧风味十分浓厚。从博物馆的窗口望去，可看到瓦萨号当年建造的地点，那里离沉船点只有几百米。

瓦萨号沉船能告诉我们什么？博物馆的官方介绍抒情地写道，瓦萨号沉没 333 年后被打捞上来时，"船员的箱子里仍装着干粮、衣服和小件个人物品，成桶的肉仍堆放在货仓里。海军上将的桌子还立在舱里，军官们漂亮的白锡餐具、青铜烛台和灯具都在舱里"。

瓦萨博物馆是一部时间机器，让我们回到 17 世纪欧洲陆地和海上的生活。

今天的军舰都是以其功能来设计的，外形总是一副极简主义的模样。可我们站在瓦萨号船边，会发现它雕梁画栋，很像一条节日气氛浓郁的彩船。当年的大船为了炫耀实力，既要配备火炮，也要展现绚丽丰富的雕刻艺术"软实力"。

总共有 500 件雕像和 200 多件刻制的装饰物装扮着瓦萨号，最引人注目的木雕是狮子。国王古斯塔夫二世以"北欧雄狮"著称，同时，狮子也是瑞典军队的象征。瓦萨号第一件被打捞上来的文物是一颗咆哮狰狞的狮头，"尽管几百年的深水使它发黑，但在它的鬃毛上依然附着几丝金棕色的漆画，在下巴上有红色的漆"。它是设计在炮口的许多雄狮之一，"最辉煌的一头位于船首之上，它的身子跃跃欲扑，有三米多长，永远保持着争斗的姿态"。

　　瓦萨号的大多数木雕都具有象征意义，如希腊神话人物赫拉克勒斯，据说他年轻时象征力量和勇气，老年时是智慧的化身，这就与"坚强的战士和智慧的政治家"古斯塔夫二世相对应。横穿瓦萨号船尾、表现军队行进的图案来自《圣经·士师记》，内容是基甸的 23 个勇士，他们手举火把，吹响号角，为上帝而战。

　　我们还能欣赏到船首雕刻有 20 位列队而立的罗马皇帝，在古斯塔夫二世看来，他可是这些国君的继承者。

　　海上生活枯燥乏味，当时雕刻的题材也不乏粗俗色情，瓦萨号上也有丰满的美人鱼、人首蛇身的水怪、面貌狰狞的魔鬼和伸出舌头舔自己鼻子的大

瓦萨号模型

瓦萨沉船细部

胸女人……

现今瓦萨号的雕刻显得黑黢黢的，可在 300 多年前，它启航时的颜色可是光彩夺目的。科学家用显微镜研究瓦萨号雕像上细微的颜色碎片，辨识出铜蓝、铁红和铅白等颜料色素。于是，我们今天有了当初彩色雕像的摹品：

> 挨在嫩红脸颊、金发与粉红色圆肚皮的胖胖小天使们旁边的，是拥有玫瑰色胸脯与深粉红色尾巴的美人鱼。守卫的罗马战士披着红色与黄色火焰的斗篷，皇家盾牌上的纹章则悬挂在蓝色的葡萄、柳橙和柠檬旁。

> 满布瓦萨号船的几百尊雕塑纵情展示它们裸露在外的粉红色肌肤、铁蓝色武装，和那些血一般的红、毒药般的绿以及海洋般的蓝。(《瓦萨》，艾灵·马茨)

13

17 世纪 20 年代的瑞典海军薪水微薄，食物粗劣，战斗凶险，一般人不会愿意成为水手，瓦萨号的水手主要来源于征兵制。

1628 年，普通水手的年薪只有 57 里克斯达勒，扣除船上的食物和服装，只能获得大约 14 里克斯达勒。当时，一头牛 5 里克斯达勒，一只鹅 0.5 里克斯达勒，一桶黑麦 1 里克斯达勒，一桶啤酒 3 里克斯达勒。高级军官的工资与他们天差地别，舰长 475 里克斯达勒，上尉 260 里克斯达勒，号手 114 里克斯达勒。

瓦萨号的遗骸上有一名水手的尸体被压在炮架下，他的口袋里有 20 枚半分铜币，这仅够他在小酒店里喝一壶酒。船员不值班瞭望或操纵帆、锚时，只能与其他几百人一起生活在拥挤的船舱里，席地而卧。高级军官的待遇大不相同，舰长的房间简直是宫廷的豪华套房。

　　船工的食物十分单调，是大麦粥、拌了干豆或豌豆的主食、咸牛肉和猪肉、干鱼或腌鱼以及面包，新鲜食物极其少。为了吞咽含盐食品，船工每天配给3升啤酒。

　　船员的海上生活也极端枯燥。在一个酒桶盖上，有人刻了一套双人玩的简单跳棋；有个军官带了一副漂亮的板棋："一只木箱内有一个小木盒，盒内有一束头发，能勾起一段温柔的记忆，表现恋人的离愁别绪、战前焦虑。"

　　军舰上恶劣的卫生条件让更多的海员死于疾病而不是敌人之手。因患上流行病，船员有时会死亡一半，甚至多达三分之二。

瓦萨沉船上的个人物品

1

瓦萨沉船博物馆餐厅的菜肴出人意料地好吃，尽管价格不菲。在我们的印象中，因为独此一家，美术馆博物馆餐厅的饭菜总是很难吃。麦克提醒我说，大英博物馆的餐厅也不错。我们那次同行，但因为我们一家人实在希望多看一些博物馆的展品，就没去享用美食。

据说瑞典有些传统的美食很特别，不过我没尝过。由于波罗的海的水味道很淡，不是一般的海水，盐份较少，所以瑞典北部的人们需要发明新的方法来保存食物。其中一种是发酵鲱鱼，把波罗的海鲱鱼浸泡在乳酸中并装入罐头，罐头中刺鼻的气体（如硫化氢、丁酸等）因为鲱鱼发酵而膨胀，把罐头撑得鼓鼓的。瑞典人将气味刺鼻的薄鱼片摊在硬面包上，再佐以生洋葱丁和煮熟的杏仁，还可以搭配牛奶食用。我之所以注意这道食物是缘于一桩趣事，有些航空公司因为压力问题禁止乘客带鲱鱼罐头登机，而食品罐头事实上是不会爆炸的。我们到瑞典的几天后，也就是 8 月的第三个星期四，就是民间发酵鲱鱼季节的开幕日。

北欧也流行吃小龙虾。在瑞典，长期以来，小龙虾都是贵族的精美食物（其他北欧国家大概也是如此）。19 世纪之后，瑞典当地小龙虾变得越来越流行，有人担心过度捕捞而绝种。现代瑞典人很少自己出去捕捞小龙虾，而是从美国和中国进口。

在瑞典的 8 月份，当地人竟然会选出一个晚上庆祝小龙虾节，他们挂起纸质灯笼，吃着小龙虾，畅饮烈酒。"人们都戴着轻薄的纸帽子，唱起歌谣。简洁明了的饮酒歌是瑞典和说瑞典语的芬兰特有的，每年都会有新歌冒出来，被人们记住，在未来的派对上传唱，曲风有点幽默荒诞。看到平时不苟言笑的熟人现在竟然醉醺醺地傻笑，嚷着拙劣粗俗的打油诗，实在是格外有趣。"

这是《走过瑞典的一年四季》作者的观察。不在瑞典出生，却观察当地多年的《悠闲瑞典》的作者布莱恩·诺德斯特姆则对 8 月夏季的两个食物狂欢节态度迥异，他认为"吃小龙虾是瑞典烹饪习俗中最愚蠢的"，而鲱鱼罐头"散发出可以击倒一个最强壮品位者的气味，通常要用很多啤酒冲下去，而食者所得的回报是特殊的甜点"。

我肯定受不了鲱鱼罐头特殊的气味，但喜欢小龙虾节那有点另类的欢快气氛。

瑞典的酒类消费量一度高居欧洲首位，但自从法律规定酒类销售归国家垄断之后，酒类消费量降到了最低水平，酗酒则被视为疾病或者叛逆行为的一种。瑞典也是出产烈性酒的地方，"绝对伏特加"（Absolut Vodka）品牌为瑞典赚了无数钱，可它 2008 年被出售给了一家法国公司。此外，瑞典也不再酿造烈性朗姆酒。

北欧其他地方也大致如此。在酒店和饭店里当然可以喝到葡萄酒，可我们后来在挪威的卑尔根鱼市场，面对美味的海鲜，竟然只能喝饮料。麦克找附近的酒类专卖店，也寻不见。我和太太晚上有喝一杯葡萄酒入睡的习惯。我们先是到酒店附近的酒吧，希望能买一瓶酒带回房间，但酒吧伙计说法律不允许。到了酒店酒吧，伙计再三确定我们是本

小龙虾

沙丁鱼罐头

酒店的房客后，才卖了一瓶葡萄酒给我们。有此教训之后，我第二天就在专卖店买了两瓶酒随身携带，像个酒鬼。

我在北欧时，几乎每天早餐都能吃到各种咸鱼和蘑菇。我知道当地的咸鱼不错，但兴趣不大。真正好吃的是蘑菇，鲜美无比，不言而喻，那是气候环境的关系。

据《走过瑞典的一年四季》介绍：

> 9月是野生蘑菇的季节，全国上下都热衷于采摘野蘑菇。这些真菌类植物有着千奇百怪的名字：阳伞蘑菇、丰收之角、鸡腿菇、松乳菇和疣疹乳菇，晚餐桌上最受欢迎的还是草菇、金菇和鸡油菌。要小心一种叫毒蝇伞的蘑菇，因其有致命的毒性，又被称为"死亡蘑菇"。

我们在赫尔辛基旁的森林里见到一种极微小的鲜红蘑菇，同行人说这也是一种毒蘑菇。

有一年夏天，北欧的天气不太好，潮湿多雨。忍受了漫漫长冬后的北欧人苦闷不堪，瑞典首相却从黑暗中见到光明，通过媒体发声："看来我们今年的蘑菇会大丰收。"

在挪威，蘑菇管理员有时会在特定的地点帮民众把关，将野菇中有毒或不适合食用的品种挑出来，并教给民众一些辨识技巧。

我的友人建议，某些毒蘑菇与食用蘑菇外表颇为相似，最保险的办法是锁定几种既安全又好吃的"三星级"菇种，不认识的最好不要乱摘。

金黄色的鸡油菌一般被认为是菌中之王，除了好吃之外，它特殊的外表也很好辨认。"在树林间远远用目光搜索到一丛鸡油菌的一刹那，感觉就像

鸡油菇

中了大奖！”

下次去北欧，如果有朋友带我们到森林里去采蘑菇，回来享受一番，大概也会有中奖之感。我见到朋友在德国森林采蘑菇的照片，当时觉得很有趣，现在委实有点羡慕。

2

离开瓦萨沉船博物馆时已是中午，赶紧打车去王宫。王宫的南面是王宫斜坡（Slottsbacken）广场，广场上立有一座方尖碑，是1799年为感谢国民在古斯塔夫三世（1746—1792年）征战俄罗斯时所给予的支持而修建的。其实，古斯塔夫三世1792年已经在皇家歌剧院举行的化装舞会上被刺杀，瑞典与俄罗斯的战争也是失利的。1859年，威尔第还以国王被刺事件创作了著名的《假面舞会》。

13世纪中期，这里是一座巨大的城堡（三王冠城堡），四周是高大的围墙，皇室住在这里。

1697年，城堡化为灰烬。当年14岁的卡尔十二世继位，他要求新的王宫配得上他作为欧洲最伟大国王的显赫地位。小尼克德谟斯·泰辛是先王的御用宫廷设计师，他决心把斯德哥尔摩变成北方的巴黎。泰辛在设计王宫时，受到一个典故的启发：1630年前后，杰出的地缘均衡大师红衣主教黎塞留为了抵抗哈布斯堡王朝的扩张，将瑞典国王古斯塔夫二世拖进欧洲的三十年战争。黎塞留吹捧法国国王是太阳王，瑞典国王是北极星，泰辛将这一主题纳入王宫建筑内。当然，今天人们参观王宫时已经极少注意这点了。比较特别的是，泰辛虽然受法国影响很深，王宫还是以意大利的王宫为样板，风格当然是巴洛克式的，它是一组比例恰当、结构对称、外形统一的建筑，而且环绕着一个特大的庭院。

泰辛去世后，他的儿子接任。真正的施工负责人是建筑师卡尔·哈尔曼，他力求忠于原设计，其擅长用当时流行的洛可可风格来装饰的寝宫。一直到1754年，皇室成员才入住新家。王宫内的房间不仅富丽堂皇，还有各种典故，例如，古斯塔夫三世的博物馆收藏了他在1783至1784年间去意大利旅行收集的大量古董。古斯塔夫三世热爱建筑和艺术，但他更热爱权力，政治才是他这次游历最重要的内容：他希望赢得法国、西班牙和那不勒斯诸强国的支持，结成联盟对抗丹麦和俄国。古斯塔夫三世与随从没有以瑞典国王一行的身份游历，而是化名汉高伯爵出访，不过外人也知道底细，避免了麻烦的外交礼仪。俄国自然知道古斯塔夫是为了恢复瑞典在波罗的海的霸权，俄国王子，即后来的沙皇保罗一世和他的王妃也在游历意大利，他们化名北方伯爵，暗中破坏古斯塔夫与各国的协商。

3

瑞典贝纳多特王室来自法国南部。1763年，让·巴普蒂斯·贝纳多特出生于法国波城的检察官家庭，虽然是个平民，却在大革命时代成为拿破仑的元帅。贝纳多特在1806年的会战中作战消极，差点受到军事法庭的审判。他的妻子欧仁妮·克拉里是拿破仑的初恋情人，拿破仑因早年背弃婚约心存愧疚，

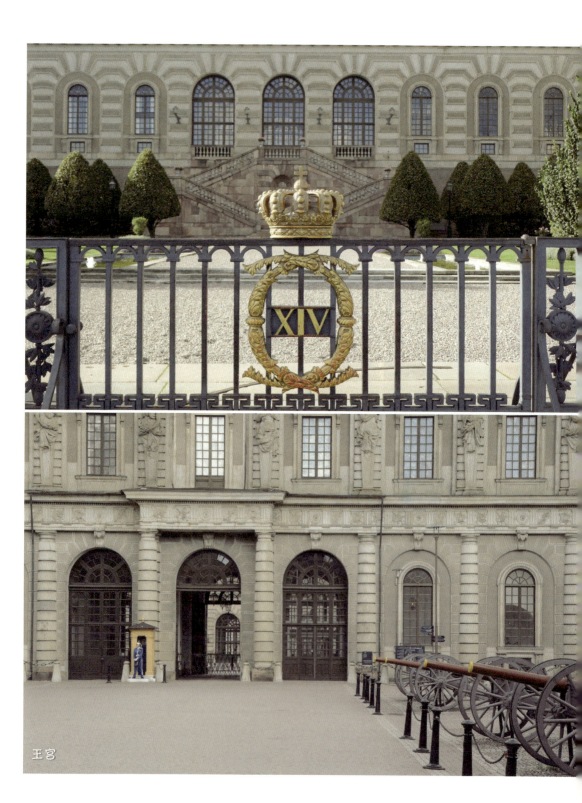

王宫

王宮内景

作为补偿，赦免了贝纳多特。

贝纳多特在 1810 年时来运转。1808 年，瑞典败于俄国，1809 年，失去芬兰。1810 年，王储暴卒，国内政治混乱，上了年纪的卡尔十三世没有子嗣，想起了贝纳多特在早年战争中对待瑞典战俘十分友善，就邀请他入主北欧。贝纳多特连个贵族都不是，更不用说皇家血统了，可瑞典在此危亡之际顾不得这么多了。于是，贝纳多特改名卡尔·约翰，1818 年成为瑞典国王。

贝纳多特果然出手不凡，在王储的位置上就收拾旧山河。他没有继续与俄国为敌，不再提收复芬兰之事，却集中精力拿下挪威。当拿破仑入侵俄国时，他与拿破仑公开决裂，在莱比锡战役中帮助俄国人战胜拿破仑，全心全意为瑞典的利益服务。

贝纳多特一直执政到 1844 年，才以 84 岁的高龄谢世，他的子孙卡尔十六世自 1973 年继承王位到现在。

我很早知道拿破仑的初恋情人欧仁妮的故事，她与瑞典王室有关倒是没想到。欧仁妮是法国南部一个小绸缎商的女儿，14 岁时认识了尚未发迹的拿破仑。她的姐姐和拿破仑的哥哥成婚，拿破仑在婚礼上向欧仁妮求婚，获应允，但她父母觉得拿破仑没什么出息，推说等女儿 16 岁再成婚。不久，拿破仑被囚，她跑去送包裹。拿破仑出狱后，很是感激，再次求婚，欧仁妮希望 16 岁再结婚。同一年，拿破仑结识了巴黎寡妇约瑟芬，在她的帮助下青云直上，准备娶她为妻。欧仁妮闻讯，急忙跑到巴黎拿破仑和约瑟芬的订婚酒会处，却因为没有邀请函被拦在外面。这时，贝纳多特将军出现了，邀请她进入会场。欧仁妮进入会场后，将葡萄酒洒在约瑟芬洁白的舞裙上，愤然离开。欧仁妮本想投河自尽，却被紧随其后的贝纳多特将军拦阻，而且还向她求婚。欧仁妮没有答应，但 4 年后他们再次相遇，欧仁妮还是嫁给了这位将军。

欧仁妮没有成为法国皇后，最后却成为瑞典王后，而且更为长久，子孙也更为幸运，真是奇妙。

4

王宫有600多个房间，不是我们可以消受的。见到人们在王宫西侧半圆处围观著名的卫兵交接仪式，我们便耐心等待。仪式终于开始了，看了20分钟，发现与我们在英国温莎城堡看到的仪式极为相似。仪式要持续一个小时，没必要看完。

我们挤出人群，这时才发现老王宫所在的老城区人山人海，与早上的冷冷清清完全是两个世界。

跟着人流，涌入老城区中央的大广场（Stortorget），几乎每本旅游指南都会提到这里曾发生过斯德哥尔摩大屠杀。1397年，丹麦、瑞典与挪威正式结成了以丹麦国王为首的卡尔马联盟，1520年，瑞典还不是个主权国家。瑞典内部一直存在卡尔马联盟派和独立派的斗争。1520年，丹麦国王克里斯蒂安二世攻下斯德哥尔摩，自封为瑞典国王，并在卡尔马联盟派的支持下，于11月7至9日，在大广场屠杀了独立派中坚的82名贵族。这些人的头颅在广场泥泞的地面上摆了3天，就连附近的街道也染上了血污。古斯塔夫一世的父亲和姐夫也死在这次屠杀中。1523年6月，他率领军队收复斯德哥尔摩，第二年1月成为瑞典国王，世称古斯塔夫一世，开始了瓦萨王朝。

今天广场的一面是原来的市政厅旧址，它是一幢带有新古典主义与洛可可风格的建筑，底层过去是1778年建成的斯德哥尔摩证券交易所，2001年成为诺贝尔博物馆。上层是瑞典学院，是每年决定诺贝尔文学奖的地方，它也是由热爱文化的君主古斯塔夫三世创立的。

斯德哥尔摩老城区的建筑

广场上还围着一些 17、18 世纪雅致、色彩鲜艳的日尔曼风格建筑，但来不及细看，因为我们周围都是人。我原本想在广场的酒吧里喝一杯，可是根本不可能，我们只能拐入一条巷子里，走进一座天井，在里面喝茶休息。

休息中，我和太太两人去了附近的斯德哥尔摩大教堂（Stockholm Cather-dal），它是天主教堂，位于拥挤的老城区，高耸入云的绿色钟楼很是醒目。教堂中最有名的是祭坛左边一组橡木和麋鹿角的雕刻：《圣乔治降龙》，是在 15 世纪 80 年代创作的。这个题材在西方艺术中很常见，但在瑞典却具有另一层意思，象征着把斯德哥尔摩人从贪婪的丹麦人手中解放出来。

老城区的街道极为热闹，两边有各种各样的礼品店和食品店，大家吃吃喝喝，不亦乐乎。礼品店有个特点——各家销售各自的产品，一般不重复，虽然很贵。如果我们走进中国的旅游一条街，礼品店售卖的商品十有八九是雷同的，唯一要做的就是杀价。

旅游指南上说有两个著名的景点，一是斯德哥尔摩最窄的街道，有 39 级台阶，宽仅 90 厘米，在上面走时伸展双臂可同时碰到两边的墙壁。还有一个景点是在芬兰教堂（Finnish Church）后面的小花园，花园里有斯德哥尔摩最小的雕像——一个端坐着的孩子，游人很怜爱他，冬日里会为他戴上羊毛制的帽子和围巾。我当时忘了具体的地址，也就没去。回到上海，再看书上的照片，想起了赫尔辛基中央商场另一端小花园内的小雕像，那些小雕像没有斯德哥尔摩雕像的命好，没受到人们的关注，其他没什么区别。

这些地方都很精彩，可真正让我们体会到老城区的中世纪氛围的，还是我们偶然走进的一条不知名的巷子。巷子旁边没什么商店，阳光照在石子路上有些阴影，转弯处是一棵大树，到处都是静静的，没有人影。

5

老城区只走了个大概，已近黄昏，我们不得不走回酒店。路过北城的国王街，它是斯德哥尔摩最重要的商业街之一，1915 年参考美国城市的街道设计而成。在大街上可以看到斯德哥尔摩最早的两幢摩天大楼（皇家双子塔），也很美国。从中世纪的老城区突然来到现代化的都市，感觉总有些怪怪的。为了晚餐，我们继续在国王街附近走走，这里有很现代化的商场和饭店，其中不乏中餐馆，整体与老斯德哥尔摩有些脱节。

瑞典的人口密度很低，居民公寓的面积比大多数欧洲国家大。现在瑞典政府希望人民自己去买房子，不鼓励居民依赖社会保障房（市属非营利住房），它们的数量一直

月光男孩雕像

最窄的街道

在缩水。斯德哥尔摩的具体房价不清楚，我们后来在瑞典小城市卡尔斯塔德（Karlstad）的房地产中介的橱窗里看到一些广告，其中一幢土红色的平房，面积1342平方米，价格是65万瑞典克朗，瑞典克朗与人民币几乎等值。

6

国王岛因岛上的市政厅而大放异彩，有时也被称作市政厅之岛。从我们的酒店到市政厅只要步行几分钟，在斯德哥尔摩的最后一个早上，我们一直泡在那里。

国内的名建筑，我们极少在前面冠以某某建筑师之名，我们往往尊重画家、文学家，但认为建筑师是工匠。欧美就很尊重建筑师，经常在某建筑前面冠名，有时我们会不习惯。当然，现在情况有所好转，对旧上海建筑作出了杰出贡献的邬达克，就出了几本有关他和所设计建筑的书籍。

市政厅的设计师拉格纳·奥斯博格（Ragnar Ostberg）1866年出生于瑞典，他背离了19世纪的主流建筑风格，把建筑看作一种艺术，按照个人的喜好来进行设计，成为瑞典民族浪漫主义建筑师的领袖。当功能主义开始流行的时候，他的知名度开始减退，但如市政厅等其早期的作品已获得了建筑界的广泛认可。

市政厅的建筑资金并不宽裕，由公众捐助，建于1911至1923年。1923年仲夏，市政厅正式开始办公，这天也是瑞典国王古斯塔夫一世进入斯德哥尔摩的400周年纪念日。市政厅由800万块红砖建成，被称为"砖石的史诗"。

市政厅的塔楼有106米高，游客可以走楼梯或乘电梯到达顶部，在这里俯瞰14个岛的风光，但需要排队。根据我多次参观欧洲大教堂和高层建筑的

议会大厦

经验，如果要排很长的队或花时间上高塔，意义不大，所以我们放弃了。

塔楼上有三个金色的风向标盾徽，代表瑞典、丹麦和挪威三国，即所谓的"三冠王"。王宫的前身也叫三冠王城堡，是瑞典的传统象征。"高高的塔楼与沿水面展开的裙房形成方向上的对比，裙房上装饰性的纵向长条窗，经大小不一的点窗缀饰，隔水望去如一艘航行中的大船，宏伟壮丽。"（《走过瑞典的一年四季》，基姆·洛翰）

我觉得比起市政厅的外形，它的位置实在选得好，两边临水，尤其是面朝碧波粼粼的梅拉伦湖（Lake Malaren），遥望对面与老城区紧紧相连的骑士岛，一排排17世纪颜色亮丽、带有山墙的拥挤房屋和高耸入云的骑士岛教堂的钟楼，美不胜收。斯德哥尔摩素有"北方威尼斯"之称，从市政厅远眺对岸，确实与威尼斯有相似之处。

冬天的梅拉伦湖是个冰雪世界，3月时，长途滑冰者还会在这里冒险。《走

斯德哥尔摩市政厅

市政厅和埃弗特·陶布雕像

塔楼上的风向标盾徽

过瑞典的一年四季》中写道："这时的冰层几乎不能站人，但只要你快速滑过，还是能支撑你的重量的。据滑冰者说，滑过冰层时，冰面会发出响声，可以凭借这种声音判断出前方冰层的厚度以及会不会有危险。但是，最好还是选择在初冬时溜冰，这个时候的冰层较厚，更安全。最难的一个环节是跳水测验：滑冰俱乐部经常会让想入会的会员先跳入冰冷的水里，再从水中爬出来。滑冰者手握一对冰杆，将一根绳子缠绕在身上，以便于在跌入水里时可以抓牢冰面。一旦掉入水中，你最多只能支撑20分钟。滑冰运动1000年前起源于斯堪的纳维亚，当时不知哪位天才想到要在鞋底绑上磨光了的骨头。"

市政厅立面

7

参观市政厅必须由官方导游带队，因为里面仍然有政府人员在办公，也有中文导游，第一场是 10 点半。

市政厅拥有众多的办公室、会议厅和宴会厅，人们最感兴趣的是蓝厅和金厅。蓝厅的现状与当初的规划已有很大的不同，最有名的说法是建筑师奥斯博格原本的设计是蓝色的，当他看到红砖给大厅带来的美感时，便改变了主意，不再将蓝色涂在红砖上。可是蓝厅的称呼还是保留了下来。

根据意大利文艺复兴时期宫殿的典型布局设计，市政厅原来有两个庭院，在建筑过程中，一个被盖住了，但仍可以看到露天的楼梯和立柱，让人一眼就能看出它最初的设计功能。

蓝厅楼上还有金厅，它有两扇厚重的铜门，每

市政厅的走廊

扇重达一吨。金厅正确的称呼是镀金厅，里面金碧辉煌，一般人还以为其中都是黄金。其实，设计者只是用了1800多万块彩色和镀金马赛克而已，或者说，将很薄的金箔夹在两块马赛克玻璃中间制成，也就用了十几千克黄金。

蓝厅是举办12月10日的诺贝尔奖晚宴的地点，晚宴后，人们到金厅跳舞。"现场直播混杂了通俗的语言和渊博的专业知识，既有对礼服和身材的点评，也有对物理学、医学和经济学成就的精辟演讲。我想阿尔弗雷德·诺贝尔本人也会喜爱这样的夜晚，他生前就很享受在巴黎和意大利圣雷莫惬意的生活，身旁也常有美女相伴。由于性格孤僻、内向，他需要寻找话题，而和平就是他最热衷的话题。他在圣雷莫度过了一生中最后的时光，于1896年12月10日逝世。圣雷莫每年都会给颁奖典礼送来大批的鲜花。"（《走过瑞典的一年四季》）

8

我们在青少年时代也许都会对诺贝尔奖的来由和各种细节感兴趣，现在最多只是看看每年获奖者的新闻而已。我哥哥费滨海在2001年出版了一本《百年诺贝尔：获奖者纪念邮票、题词》，有些题词还是挺有想法的。

1972年物理学奖获得者美国人库珀说："比起20世纪，21世纪的开端更让人悲观。愿我们一起努力，发挥更多的智慧来处理人类事务，以避免毁灭性的结局。"

1984年物理学奖获得者荷兰人范德梅尔说："疯狂的主意有时居然行得通！"

1996年物理学奖获得者美国人奥谢罗夫说："大自然对侧耳倾听者悄声细语。"

市政厅内景

金厅内部

1997 年物理学奖获得者美国人菲利普斯说："波函数真实吗？什么是真实？"

1958 年化学奖获得者英国人桑格说："我们都是 DNA，但你我到底有何不同？"

1980 年，桑格再次获得化学奖，他的第二次题词更有趣：

蛋白质单体首尾相连，
构成了世上一切生命。
正是这 DNA 链，
我们才有了如今的模样。
其中的运作终有一天会被发现，
然而人们何时才能读懂自己的心灵。

1967 年化学奖获得者德国人艾根说："进化固然已使人类进步，然而我们仍在等待人性进化进程的到来。"

1993 年化学奖获得者美国人穆利斯说："实验科学与人们习惯的其他事物都不同，像一株野草，在我们不经意间生长着。这株野草一年四季都能结出许多耀眼的真理。艺术囿于奇想和时尚，宗教着重内心而仅能自持，法律忽而放纵我们，忽而使我们

议会大厦内部

沦为奴隶。唯有实验科学，才以一种不可预见但有规律的方式给我们每个人送来果实。为了获取这些果实，旧时的帝王不惜兵戎相见。"

1997 年化学奖获得者美国人博耶说："我们钻探钻石，发掘到的多数是煤矿。"

1997 年化学奖获得者英国人沃克说："鸡蛋的归宿生来注定，跑不了是一只小鸡。"

1997 年化学奖获得者丹麦人斯科说：

> 寻求答案：
>
> 四处寻觅，
>
> 一朝逮获，
>
> 自以为是。
>
> 岂知答案，
>
> 总是离你，
>
> 一步之遥。

9

每次走读出游，我总会买一大堆有关当地风土人情的书，可里面的内容一般都是平铺直叙，不能引人入胜。不过，我在市政厅的商店买到一本《走过瑞典的一年四季》，作者于 1966 年移民瑞典，从事媒体工作，写的文章妙趣横生，仿佛老友对你娓娓道来。我在前面已经引用了不少，下面再摘引些句子与朋友们分享：

瑞典人口总体来说是单一的，但也有五种少数民族语言，还有比你想象中更多的移民——15%人口的父母至少有一位是在国外出生的。

这是一个有耐心的国度。历经暗无天日的冬天之后，人们静静地等待光明的到来。在这里，人们都会耐心排队，不会出声抱怨。结账处的接待员也很放松，一点也不着急。朋友们会仔细倾听你的述说——如果你有耐心的话，你会交到很多朋友。

现在泰国成为最受瑞典人欢迎的度假地。在这个仅有900多万人口的国家，每年包机旅游的人数高达1000万人次。民调显示，60%的人更倾向于拥有更长的假期，而不是涨工资。

瑞典人是狂热的电影爱好者——人均一年光顾电影院的次数多达1.5次。现在有种说法认为，从小观看带字幕的电影有助于提高外语水平，这或许解释了为什么瑞典人的英语比大多数的德国人、法国人或西班牙人好……

现在说来，瑞典比较正式地属于路德教派的人口比例略低于四分之三。在2000年之前，教堂保管着人口数据……信教人口的性别比例也在发生变化：路德派的牧师有25%是女性，神学院的学生绝大多数都是女性。瑞典人的生活是世俗的，但喜欢去教堂结婚，至少46%的人是这么做的，最受欢迎的结婚时间是圣灵降临节的那一周（5月的五旬节）。

瑞典人改名太常见了，有一段时间连政府都鼓励这么干。19世纪中期以前，姓氏这个东西还是中层或上层社会的专利，农民们生了儿子就叫"古那尔，斯文他家的"，正式点就叫古那尔·斯文森，一个意思。生闺女就叫"安娜，斯文他家的"，我们可是支持男女平等的。统计员们很不满意，他们说叫斯文森和安德森的人太多了。这些专业人士的影响力还是很大的，乡村中产阶级就从大自然中找个姓来用，再作一些删改，例如桦树、石头、小溪、树枝、湖泊、狗熊、嫩枝、岛屿和雄鹰，偶尔还会有人合起来用，那就会很有趣：例如山上的海滩（Mountainbeach）、海里的山（Seamoutain）或枞树叶（Firleaf）。约翰森（Johansson）是最普遍的姓氏，不过瑞典人喜欢称自己为"斯文森"（Svenssons），去酒店偷情的男女显然最喜欢用这个姓来登记。

一年中的这个时候（5月），人们又开始坐在外面找乐子，吃一块饼干，喝一杯经典的压榨果汁，这真是一种惬意的生活。这种乐趣的吸引无人能敌。有一年，有个日本马拉松选手跑到中途感觉又累又渴，就退出比赛，来到斯德哥尔摩一户人家的花园里，坐在树下，同人家一起享受起来。这可是1912年奥林匹克的马拉松，这个日本人叫金栗四三，他不好意思再回去，自己坐火车从西伯利亚那里偷偷地回国了。转眼到了1966年，金栗四三已逾古稀之年，为了弥补困扰自己50多年的缺憾，老人专程前往瑞典的斯德哥尔摩，来到当年奥运会马拉松比赛的旧地，来到自己当时中途离去的地方，步履蹒跚地跑完了几十年前就应跑完的路程。

到5月，你大概就得准备好去逛宜家。宜家无处不在，它印的产品目录比《圣经》还长。光是为了填满它的食品屋，宜家就成了瑞典最主要的食品出口商。宜家是瑞典民族精神的中流砥柱，一个率性聪明的乡村小伙通过不懈的努力，将其打造为一家全球化的成功企业。故事很简单，却是他们自豪的源泉。但人们也有所不满，说这个国家的设计美学已完全被宜家所支配。偏偏我们都用它，这无疑是在这种情绪的伤口上撒盐。

当年，宜家初到上海，我们也被它的设计所吸引。可买了几个书柜和橱子后，发现质量欠佳，后来就不敢买了。鉴于全球化采购，瑞典人与我们使用的是一样的宜家产品，把它视作民族精神的中流砥柱可有点危险。

我们第一天早晨逛斯德哥尔摩，在皇家歌剧院的后门小广场见到一个白色印花的橱，很经典，稍稍有点破旧，就被人当作垃圾扔了。闲来无事，我将照片发上微信，开玩笑说是不是应该把它运回上海？不过古董的包装是个问题。

这么有意思的东西也能当垃圾，斯德哥尔摩的古董店一定不错。下午特意到老城区的古董店看看，里面的东西竟然没有一样中意的。

10

我们中午坐大巴前往瑞典中部偏西南的小城卡尔斯塔德，人口也就 8 到 9 万，被称为阳光之城。我们将它作为去挪威的中转站。

黄昏时到达该城，果然阳光灿烂。城中的房屋没有什么好看的。卡尔斯塔德在中世纪就是个商业中心，可惜 1865 年为大火焚毁，移到现址重建。

我们走着走着，有些无聊，多多爸提议朝河边走走。来到河边，景色顿时大变。蓝天白云下的大桥、河水和绿草地，河滩上一些野鸭子跑来跑去，金色的阳光照耀在黄色的大宅上，好一派亦城市亦乡村的风光。

我刚把卡尔斯塔德的照片发到微信朋友圈上，上海和美国的大学同学纷纷问它的具体位置。美国的同学刚来过瑞典，可也被这个美丽的地方所吸引。

我们吃过晚饭，天已经渐渐暗了下来，但我们还是坚持在外面的河边走走，想将这些美景留在记忆里。路边的每棵大树下都有一支小蜡烛，星星点点，很撩人。

酒店的房间很局促，可我和太太还是将一瓶红酒喝完了。

第二天，我起得很早，想再去观赏一下小城的景色，无奈暴雨阵阵，我坚持出去，但被暴雨逼了回来。

卡尔斯塔德的风土人情

黄昏时分的建筑

第五章
奥斯陆·上篇

1

早上，从卡尔斯塔德坐汽车行驶 220 千米，途经北欧最大的淡水湖维纳恩湖（Lake Vanern），中午到达挪威首都奥斯陆。

这次去北欧，租用旅行社的大巴，也吃了几顿中餐。奥斯陆这顿中餐最好，自助餐，品种不多，可虾与鸡翅的味道都不错，大概主要是原料好。

午休有一个小时，我看中餐馆的对面就是国家美术馆，机不可失，赶紧前去，毕竟赫尔辛基与斯德哥尔摩国家博物馆的展品都没看成。

也许已经习惯了欧美的大美术馆，总以为参观一个国家博物馆，一个小时的时间太短促了。后来发现，虽然奥斯陆的国家美术馆也收藏有梵高、塞尚、高更、莫奈和毕加索等人的作品，但都不是他们的代表作。国家美术馆中真正耐看的还是表现主义先驱、挪威画家爱德华·蒙克（1863—1944 年）的约 10 幅作品，它们被置于同一间展览室里。

蒙克曾说过："我的画适合同挂一室，和别人的画共展就会丧失了什么。"蒙克有一幅作品，与上述的大家作品放在一起，确实不起眼。但他自己的作品放在一道，就会散发出一种特殊的哀伤氛围。

我在蒙克展室的中央环顾墙壁上的作品，有些感叹。我年轻时有一段时间非常喜欢蒙克的艺术，看过他的不少传记和作品（当然是印刷品），可后来疏远了。两年前，伦敦泰特现代美术馆有蒙克特展，我看要排很长的队，就放弃了。今天，他的真迹就在眼前，实在是太熟悉了，虽然我已经忘了这些画的大部分寓意。

蒙克认定："我的家庭是疾病和死亡的家庭。"他刚 5 岁时，母亲就死于肺结核。多年之后，蒙克回忆起母亲临终前："她说她将离开我们，不得不离开我们，并问我俩会不会感到伤心——还让我俩对她发誓，必须虔诚地

挪威奥斯陆国家美术馆

对待耶稣。因为只有这样，我们以后才能与她在天堂相会。"

19世纪80年代，每1000个挪威人中就有3人死于肺结核。蒙克14岁时，姐姐索菲也因为肺结核死亡，妹妹劳拉则饱受精神病的折磨，父亲周期性地发作抑郁症。蒙克早期的绘画《病中的孩子》十分感人。蒙克经常对自己的作品和经历进行文学性的描述（下面的文字中，玛咖是他的姐姐，卡拉门是蒙克）：

　　那是黄昏的时候——玛咖躺在床上，脸色微红，正发着烧，那双明亮的眼睛不安地扫视着房间。她的神经已经错乱了，她似乎在说："漂亮而温和的卡拉门，你能不能把这个东西拿开，它太令我痛苦了，你会答应吗？"玛咖乞求地望着他。"我相信你会答应的，你看见那个头了吗？——那是死神……"她的眼睛已经烧红了，死神就要来临——这是那样确定无疑——又是那样不可理解。（《蒙克私人笔记》，爱德华·蒙克）

有区别的是，《病中的孩子》中，照顾女孩的是绝望的母亲。

《病中的孩子》，蒙克，1885－1886年，奥斯陆国家美术馆藏

2

蒙克的代表作《呐喊》（1893年）在当时确实反映了那个时代的焦虑症，广为流传。画中的主角是画家自己，他的一生都在疯狂的边缘徘徊着，处境因酗酒和他所谓的尼古丁中毒而恶化。蒙克所站的奥斯陆海湾大桥下面就是一家屠宰场和精神病院。他回忆的地点有些变化：

> 一天傍晚，我出门行走在克里斯蒂安尼亚附近的一条山路上，和两个朋友一起。那是一段我的灵魂被生活剥开的日子，夕阳正在落山，已沉入地平线以下的火焰之中。它就像一柄火红的剑划过天穹。苍天如血，遭条条火舌切割，群山渐成深蓝，海湾分割成紫蓝、黄与红色……

那轮喷薄的血红照在山路与扶栏上……我的友人转瞬变成炯炯发亮的赤白……我感觉自己听到了一声极响的尖叫……自然界的色彩顿时打碎了自然界的线条……这些线条与色彩随那声波一起震颤……这些生命的颤动不仅激发了我的视觉，也调动了我的听力……我着实听到了一声尖叫……之后，我便画出了油画《呐喊》。（《蒙克私人笔记》，爱德华·蒙克）

蒙克画了几幅类似《呐喊》的画作，如《焦虑》（1894 年）、《绝望》（1894 年）和《落日抑郁》（1892 年），他还写了《呐喊的另一个版本》：

（和一个丹麦人的对话）"对，你瞧，那儿就是大海，大家都投身其中，再像鱼儿一样钻出水面。不过我要给你讲一个小故事，从前有个女子，她想甩掉她已厌倦的未婚夫一号，便跳入水中并大声呼救……可是她水性很好，场面一塌糊涂。那不知情的可怜男子不会游泳，稀里糊涂地跳水救她，结果淹死了……那女的却走上岸来……迎接她的是她的未婚夫二号。他俩臂搭臂手挽手，名正言顺地走入和平生活。""天杀的，"这个丹麦人说。（《蒙克私人笔记》，爱德华·蒙克）

这个故事多少反映了蒙克对女人和婚姻的看法。

1898 年，蒙克通过一位朋友与挪威酒商的女儿图拉·拉森结识、相爱。拉森是个出色的女子，蒙克也喜欢她，可就是回避与她结婚。1899 至 1900 年，蒙克创作了《生命之舞》。段守虹在《蒙克与呐喊》中介绍了这幅画的创作背景：夏至时分，人们在绿地上跳舞，左边穿浅色衣服的是一个年轻的女孩，身边一朵花象征着她的纯洁可爱，她正在期待恋爱，憧憬幸福；当中与黑衣男子

《生命之舞》，蒙克，1899—1900年，奥斯陆国家美术馆藏

跳舞的红衣女子充满情欲；右边的是因失恋而沮丧的深色衣服妇女，与左边浅色衣服的女子相比，年老色衰，很是绝望。在这幅作品中，蒙克表现了处女、娼妇和不幸的女人，她们的背景是沉湎于肉欲疯狂中的男女们。

《生命之舞》不仅是象征性的和哲理的，也是蒙克内心情感的表现。悲伤女人后面的绿脸男子是蒙克的一位朋友，是他把拉森介绍给蒙克的，蒙克对他有病态的妒忌，认为他之前和拉森有染。

其实，画面中前面的三个女性都是以拉森为原型创作的，中央的男子就是蒙克自己，他似乎也沉醉在生命之舞中，不能自拔。

蒙克在《生命之舞》中写道：

晚上我梦见自己吻了一具尸体，随后恐惧地跳开……我吻了一具死尸惨白而微笑的嘴唇……一个冰凉而黏湿的吻……那是 L 女士的脸……

有一天我对 L 女士说……当一个可怜的男人不能享受伟大的爱情时，他该怎么办？当他不能结婚时……首先是因为婚姻妨害艺术，其次是因为已被爱火烧毁的人不能再爱……他该怎么办？她走下楼时，在过道里我说，我快要想给你一吻了……她停下了脚步……好呀，那就明天再试试吧，她说，可第二天我只是画她而没有说话。(《蒙克私人笔记》，爱德华·蒙克)

1902 年的某个夏日，两人发生争执，拉森拿枪威吓他，蒙克想夺枪，结果他右手的一截手指被子弹击中，左手也受了伤。他们的恋情就此结束。

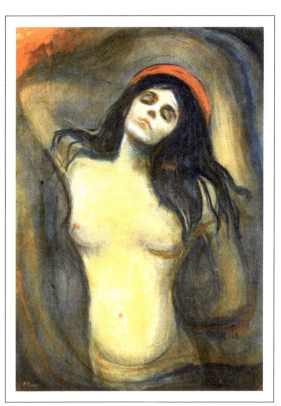

《玛多娜》，蒙克，1894 年，奥斯陆国家美术馆藏

蒙克的恋情当然不止拉森一段，表现在名作上的还有《玛多娜》（1894 年）。画作的原型是挪威地方医官的女儿德格尼·尤尔，她魅力四射，属于大众情人，到处有人追求，她对此也很享受。蒙克也是她的追求者之一。蒙克虽然也为她在情场上的到处留情感到嫉妒，却没有陷入其中。可有一个俄国人受不了，有一天开枪杀了她。"玛多娜"是美女

的意思，这幅作品如果没有背景介绍，很难理解画中人的状态。蒙克一直将它保存在自己的身边，没有出售。

蒙克一直担心自己短命，可他照样活到了 84 岁。在他家中有超过 1000 幅油画、5000 幅以上的水彩和素描、许多铜版和 1.54 万幅用这些铜版印制的版画，还有少数雕刻。这些作品都放在奥斯陆的蒙克美术馆里供人欣赏。

《艺术的历史》的作者保罗·约翰逊评论蒙克画风的话很中肯：

> 和梵高不同的是，他并非天生的写实主义画家。此人十分自恋，认为所有的绘画题材都必须发自内心，这也是他常被认为是表现主义鼻祖的原因。20 世纪前期绝大多数的德国艺术和北欧艺术都可以囊括在这个名词的范畴内。一般的绘画流程是眼见、心存，而后手随心使；对表现主义而言，却是心中先有底，手随心使，再由双眼检视校正。

3

在蒙克的《呐喊》旁边站着一个神情严肃的保安，似乎在告诉游客，这幅画不能再被盗走了，否则就是大笑话。1994 年挪威冬季奥运会开幕那天，有盗贼偷了《呐喊》，三周后被追回。2004 年 8 月，两个蒙面大盗再次走进国家美术馆，光天化日之下拿走了《呐喊》和《玛多娜》两幅画，钻进外面等候着的一辆奥迪车，扬长而去。两年后，两幅画被追回。这些画都被有机玻璃特别保护，这是其他展品所没有的待遇。

蒙克的《呐喊》的另一个版本在 2012 年的纽约苏富比拍卖会上以约 1.2 亿美元卖出。

其实，我在斯德哥尔摩国家美术馆门前的那天，美术馆虽然在修缮，但我想起那场将城市搞得一团糟的偷盗案就想笑，大盗们实在太聪明了。

2000年12月22日，星期五的午后，两条通往首都最时尚的半岛的主干道发生了汽车起火事故，正在期待年假的斯德哥尔摩人因此陷入堵车重围之中。消防队先是在下午4点左右得知有一辆福特汽车在布莱荷夏南大道上陷入火海，接着，一辆马自达在附近的尼波卡路上起火，消防队只能封路抢救。

离火灾现场不到200码的国家美术馆，保安们正准备关门，3名头戴面罩的男子，一个拿着冲锋枪，两个拿着手枪，从博物馆高耸的玻璃门冲了进来，让其他人趴下。拿手枪的两名男子分别熟门熟路地到法国厅取下雷诺阿的《巴黎青年》和《对话》，又从荷兰厅取下伦勃朗的《自画像》。

瑞典国家美术馆以收藏伦勃朗各个阶段的绘画闻名，最知名的是1661年作的《施维利斯的阴谋》，当时伦勃朗已经破产5年，被债主追债。这幅画原本挂在阿姆斯特丹的市政厅里，也许是因为画的面积太大（约65平方英尺），或者不符合荷兰绅士们的形象，它竟然被退货了。伦勃朗不仅没拿到钱，还要赔款18荷兰盾。17世纪末，这幅画来到瑞典，现在已成为国宝。

大盗也知道《施维利斯的阴谋》的价值，但它不好携带，只得退而求其次，拿走另一幅自画像。伦勃朗的自画像系列十分出名，国际上的大博物馆几乎都有收藏，这幅画在1956年被瑞典国家美术馆收藏。

大盗们离开后，博物馆人员马上报警，但因那两场交通事故，警察花了45分钟才来到犯罪现场。这时大家才明白火灾绝非偶然，是盗贼们精心设计的。

离开美术馆后，盗贼们来到防波堤，登上一艘引擎外挂的15英尺橘色快艇，立刻驶向河中。

就像我们经常看到的狗尾续貂的电影，之后盗贼们的举动破绽百出，被盗的画作最终陆续回到美术馆。伦勃朗的画作被放在玻璃橱窗后，有特别的警察守在旁边，与《呐喊》的待遇一样。

4

《呐喊》的主人公面相很怪异，有人认为蒙克是受了奥塞贝格海盗船船首上有名的人头形象的启发。

奥斯陆就有著名的维京海盗船博物馆，由于时间不够，我们没去看。

1880年，在挪威的戈克斯塔德（Gokstad）发掘出一艘10世纪末的舟棺，是挪威最大的保存完好的维京船，挪威人民的祖先真是高超的航海家和英雄探险家。1893年，戈克斯塔德舰船的复制品从卑尔根出发，20天后到达纽芬兰，轰动一时。1904年，第二座舟葬墓在奥塞贝格发现，根据树木年轮确认，它大约建造于820年，可以容纳30名水手。此前的船只能靠划桨航行，它却是现存最古老的帆桨并用船。奥塞贝格号上有两具女尸，一个大约死于25岁，一个大约死于50岁。老的是奴仆，年轻的被认为是女王奥沙。同时出土的还有雪橇和车子，雪橇外表华丽，雕刻精美，使用时可能要两匹马拉。8世纪末时，挪威根本没有道路网络，那木轮车子只是徒有仪式上的功能。

奥塞贝格号的发现激励了挪威人的民族主义感情，第二年（1905年）挪威赢得独立。时过境迁，现在人们认为那个年轻女子是公主兼高级女祭司，奥塞贝格号也比戈克斯塔德号脆弱，人们认为它是沿着海岸航行的"样船"，而不是军舰。

同是传说中维京人的地盘，瑞典没有发现海盗船，但1957年丹麦在罗斯基峡湾发现了5艘11世纪的舰船，它们属于不同的类型，有专用于战争、帆桨并用的细长型战船；有空间更大、更坚固的载物帆船；还有用于捕鱼和摆渡的小船。

紧接着，在同一个地方又发现了9艘舰船。1997年发现的一艘是迄今所见最大的战船，它长约36米，大概在1025年之后的某个时候造于丹麦，有一面200平方米的横帆，可坐78个人。船身木材优质，工艺精湛，为拥有权力和财富的上层人士所有。

丹麦海盗船的发现极大地丰富了人们对维京人航海世界的认识，可出名的还是挪威的海盗船，尤其是拥有优美艺术的奥塞贝格号，成了维京人的符号。

5

由于没有确凿的文字资料，维京人的具体生活和历史究竟有多少来自想象、多少来自事实，还真不好说。不过，有些故事还是挺有趣的。

维京人活动范围很广，在欧洲到处留下他们的足迹。他们曾在英国沿海兴风作浪，1984年，约克建造了一座维京人博物馆，游人可以在此体验10世纪维京人的世界。我2012年去过约克，曾在这座博物馆门前逗留，见前面排队，而且需要预约，就没有进去。现在有些后悔。

丹麦打捞出的一艘长30米的细长型战船，分析树木年轮后，发现它不是在斯堪的纳维亚建造的，而是在1042至1043年于爱尔兰首都都柏林建造的，它可能在爱尔兰海域航行了至少20年，然后来到丹麦。

维京人攻陷过巴黎，在法国统治得最久的地区是诺曼底，此地就是以维京人命名的。

瑞典海盗（或商人）主要向东发展，他们沿东波罗的海北上，通过第聂伯河和伏尔加河进入现在的俄罗斯腹地，然后继续向里海、黑海扩张，甚至越过这两片海域进入了君士坦丁堡。这些海盗曾与中东伊斯兰国家的商人（可

奥赛贝格号海盗船

海盗船蛇形船尾

戈克斯塔德号海盗船

能还包括中国和印度）进行贸易。

据传说，公元 921 年，一位阿拉伯游民来到维京人居住的伏尔加河畔，正巧有位当地头人去世，他记录了维京式的葬礼。

首先，头人的女仆们被问道："谁愿意陪葬？"第一位自告奋勇者被立刻监视起来，以防她变卦。

接着，头人的财产被分成三份，一份留给家人，一份用于葬礼，一份用来买酒给大家喝。

头人的尸体在临时墓地存放了 10 天，抬出来时已经发黑，但天气寒冷，并没有腐坏。尸体被穿上精美的衣服，放在船上帐篷里的垫子上。维京人把酒、水果和香料放在他身旁，又撒上面包、肉和洋葱。他们驱使两头畜生乱跑，然后杀死它们，把鲜血洒在船上。

与此同时，那个陪葬的女仆来到各个帐篷，逐一与帐篷里的男子亲昵。

挪威海于格松港口的维京船

每个男人都会对她说："告诉你的主人，我这样做完全是出于对他的爱。"

作为"死亡天使"的老妇人与另两个女人及携带盾和木头的男人，带着陪葬的女仆一起上船。酒宴和歌咏后，陪葬的女仆神志恍惚地进入帐篷，"死亡天使"也跟了进去。

男人开始用木头敲击盾，外人就无法听见尖叫声。有 6 个男人进去，他们把陪葬的女仆放在主人的尸体旁边。

最后，头人的亲戚走到船上，点燃原本放在船下的柴火，大风将火船烧得更为猛烈。

维京人认为，比起把人埋入土中任由其被爬虫啃掉，他们相信用火烧，自己最可爱最光荣的亲人马上就可以进入天国。

6

午休后，我们来到奥斯陆的维格兰雕塑公园（Vigeland Park）。在此之前，我对维格兰和他雕塑公园的内涵一无所知。

还好，维格兰博物馆的前馆长托恩·维克伯格（Tone Wikborg）写了篇不错的介绍，文字不多，却能让人了解个大概。

古斯塔夫·维格兰（1869—1943 年）生于挪威南部沿海城市曼达尔，他的父亲是技艺精湛的木匠，拥有自己的作坊。维格兰是新教敬虔运动虔诚的追随者，他的童年是在严格的宗教氛围中度过的（我能感受到它对维格兰作品的影响）。

维格兰很早就表现出在绘画和木刻方面的天赋。15 岁时，父亲带他到奥斯陆拜师学艺，但两年后父亲逝世，他只能回到故乡。他没有在艺术学院学习过，却坚持自学，从已经成名的雕塑家那里学习经验。1888 年，他再次来到奥斯陆，受到人们的认可并得到赞助，借此游历各地；1891 年，他来到哥本哈根创作；1893 年，维格兰去巴黎并在那里逗留了 6 个月。参观罗丹工作室时，维格兰获得了很多灵感，他早期的代表作《地狱》明显是受到罗丹《地狱之门》的启发。此外，罗丹对男女关系的细腻处理对维格兰一生的艺术创作都有重大的影响。

1895 年，维格兰来到佛罗伦萨追求自己的梦想。1896 年，他再次去意大利，全身心地投入对文物古迹和文艺复兴艺术的研究。

这对维格兰而言至关重要，他回国后写道："我一天比一天更加意识到，雕塑应该更为精确严密。"

维克伯格认为，这句话揭示了维格兰追求更具划时代意义、不同于现代罗丹风格的理念。然而，这种理念真正在他自己的雕塑作品中体现，则是多年以后的事。

1897 至 1902 年，维格兰在修复一家中世纪的教堂时，受中世纪奇幻雕塑的启发，创作了人与代表邪恶势力的龙和蜥蜴搏斗的作品。

20 世纪之交，维格兰创作了一批挪威名人的半身像，并负责雕刻一大批纪念碑。

7

当然，真正让维格兰的艺术生涯大放异彩的无疑是雕塑公园。

维格兰很幸运，奥斯陆市政府成为他的赞助人。1921 年，市政府和他达成一项协议，政府为他提供一间宽敞的新工作室，而维格兰承诺死后把他的全部艺术作品和原创模型赠给政府。这可是艺术史上不同寻常的交易。从 1924 年到 1943 年逝世，维格兰一直在这间工作室里工作，现在它是维格兰博物馆。我们没时间参观，据说很不错。

离博物馆 5 分钟路程的维格兰雕塑公园占地 80 英亩，日夜对外开放。公园里有 214 尊雕塑，758 个人物都为真人大小，全由维格兰一个人独立制作成同雕塑成品一样大小的模型（然后由工匠复制到石头等材料上），没有任何徒弟或其他雕塑家的协助。

公园的建筑、整体布局、草坪与两旁的大道也由维格兰设计。

我参观维格兰雕塑公园最大的感受，就是一个人可以如此专注地做好一件事，不屈不挠，堪称伟大。

一般人走进公园，都不会琢磨它的大门。维格兰雕塑公园的正门由五扇大门和两扇锻铁行人门组成，顶部灯饰的风格也很有讲究，维格兰曾为此单独设了一个铁匠铺，雇用了工艺高超的工人。铁门最引人注意的地方是经常

维格兰雕塑公园

出现的蜥蜴形象，蜥蜴要么在狂斗，要么攀附在铁网上，要么与人物组成环形。这是维格兰吸收中世纪教堂艺术灵感后的再发挥。维克伯格认为："其中动物形象的含义尚不明确，可能象征着伴随人类一生的敌对或邪恶力量，即使是看似无辜的胎儿，也与兽类纠缠在一起。"

步行一段路，绕过大草坪，就是生命大桥（328 英尺长，49 英尺宽）。花岗岩的栏杆上站立着 58 尊个体或群体的青铜人像（1926—1933 年），其主题是男人与女人以及父母与孩子的关系，母子母女情很常见，但维格兰也注意到父子关系，其中几尊雕像是以此为主题的。

看着这 58 尊青铜像，视觉上非常难以消化。我们通常看雕塑也就是几组，即便到博物馆，也是挑名作看。这与绘画不同，由于题材和色彩的不同，在几个小时里消化 58 幅作品还是有可能的。现在要在 10 多分钟内看完这些男人、女人、男孩、女孩和老人的雕塑，尽管他们的动作各式各样，也难。

生命大桥上的青铜像

　　如果你能有所取舍，单看个别形象，还是挺有趣的。如男人夹着两个男孩，就像拎着两只小动物，男人既有力又可爱。而且，这些形象的动作不一般化，很别致，有时甚至出其不意。

　　维格兰雕塑公园最出名的雕像也混迹其中，它就是《生气的男孩》。其实，这座青铜塑像并不是公园的代表性主题，可它的姿态人们实在太熟悉了。不要说为人父母，就是没有孩子的人，也会被男孩猴急的情状感染。维格兰实在塑造得生动。

　　有人说这个生气的小男孩不好找，我们也找了不少时间。后来发现其实它就在公园左侧的中部，只是在凹处，容易被前面的雕像遮掩。

　　生气的小孩抬起的一只脚曾经在1992年冬天失踪，后来找到后拼接上去，但这只脚要比其他地方光滑明亮。

　　较容易被忽略的是生命大桥下面的儿童游乐场（1940年），8尊儿童的

男人夹着两个婴孩雕像

女人托着婴孩雕像

青铜雕塑呈环形排列，描绘了儿童生命早期的不同阶段。有个头朝下的尚未出生的胎儿，形态最为可爱。

维克伯格推荐的是生命大桥较宽处两侧的雕塑，因为它们具有更深远的象征意义，如一个青铜底座上，是一个男人和一个女人连在一起旋转的转轮。"众所周知，转轮是永恒的象征，这尊雕塑可能在表示两性之间永远的吸引与爱慕，或者是东方'阴阳'符号的拟人象征。与此相对应的是一个男人正在挣脱一个禁锢圈。静动交错，有活力，也有暴力。"（*The Vigeland Park in Oslo: Sculpture Park and Museum in Oslo*，Tone Wikborg）

生命大桥的四个角上各有一根花岗岩立柱，每根柱子上都矗立着一组花岗岩雕塑，三组是描绘一个男人与蜥蜴搏斗的场景，第四组却是一个女人拥抱蜥蜴的画面。

青铜人像

8

步行小径穿过玫瑰园，来到《生命之泉》。

水池中央，"6个巨人将一个碟形水盆高举过顶，泉水由盆中喷出，盆

《生气的男孩》雕像

男女连在一起的转轮

的周边形成水帘"。维克伯格的解释是："这些不同年龄的巨人可能身肩生活的重负，因而每个人都要为举起沉重的水盆付出最大的努力。"

这个还好理解，但四周墙上20组6.5英尺高、人树合一的雕塑究竟是什么，没有维克伯格的介绍，我根本没法明白。尽管从外形看，有的雕塑像是一种长颈动物，有的甚至犹如一对不太幸福、落魄的夫妇紧紧地捆

在一起。

原来水池的 4 个角代表人生的童年、青春期、成人和老年（死亡），每个阶段由 5 组人树雕塑加以表现。童年从树枝间嬉戏的 18 个小孩（天使）开始，象征着生命的繁衍；接着是男孩坐在树上倾听、两个男孩爬树、三个女孩站在树周围；此后是小女孩在树枝间滑下，手捂着胸口，可能代表着青春期的到来。

青春期由一个女孩做梦般地朝外望开始，当中 3 组浮雕是恋爱的不同场景，最后一个男孩站在树丛间若有所思，也像在做梦。

成人期的生命更为复杂，一个女人忧郁地坐在一棵形似野兽的树上，直至一个气愤的男人驱赶树冠上的孩子。

老人期是老人与孩子为主题，最后是骷髅坐在树中。

维格兰觉得这还不够，下方护墙上的 60 幅青铜浮雕中，生命周期将再次被演绎，分解得更细致更复杂。

维克伯格认为，《生命之泉》周围地面方圆 3 平方千米的黑白花岗岩马赛克图案是个迷宫。"这个迷宫没有中心，因为《生命之泉》建在这里，不同于其他迷宫，其入口和出口是分开的。迷宫是《生命之泉》雕塑世界富有深意的附属物，可以解释为对生命之旅的写照：人生曲折坎坷，只有凭着极大的耐心，才能最终找到出路。"

9

拾级而上，我们终于来到公园最炫目的《生命之柱》。

《生命之柱》四周有环形台阶，台阶上呈放射状矗立着 36 组花岗

《生命之泉》

黑白花岗岩马赛克图案

人树合一的雕塑

岩雕塑。与《生命之泉》一样，主题同样是生命轮回。在台阶的顶部，与《生命之泉》正对的是一群儿童（第一组天使）；在顺时针一侧是一群毫无生命迹象的尸体（第 34 组）。（*The Vigeland Park in Oslo: Sculpture Park and Museum in Oslo*，Tone Wikborg）

与《生命之泉》不同的是，即便不知道花岗岩群雕的主题是什么，我们还是为这些人物的姿态所震撼。三个女孩举起男孩；两个男孩取笑一个低能的男人；女人蜷缩在男人背后；老妇给女孩梳头；男人扔女人；男人跪在女人身后，抱住她；两个男人背靠背坐着；两个男人打架；老妇将手搭在男孩肩上，男孩把头转向一边；老妇依偎着老翁；两个老妇背对背倾听；三个老妇相依而坐；站着的男人举起死去的男人。

维克伯格对此的解释是：

每组雕塑至少有两个人物，与公园的其他雕塑相比，更加强调人物之间的关系。没有一组雕塑的高度超过 6.5 英尺，但是由于比真人高大，只有一些儿童站着，所有的成人或坐或跪，牢牢地固定在底座上。他们高大而坚实的躯体将世间的人类形象表现得淋漓尽致。（*The Vigeland Park in Oslo: Sculpture Park and Museum in Oslo*，Tone Wikborg）

10

36 组花岗岩雕塑将《生命之柱》推向高潮。《生命之柱》被 121 个雕塑人物完全覆盖，密密麻麻，相互缠绕。

底部好像是一些非动态的人体。人物盘旋上升，中途略有停顿，然后加速冲向刻满儿童浮雕的顶端。维格兰自己将这些人物的运动比作上升、盘旋、最后退落的波涛，其中许多人物好像是多少有意识地向上浮动，其他人则更加积极活跃；另外一些人挣扎着不要沉下去，也有的相互推举和支撑着。（*The Vigeland Park in Oslo: Sculpture Park and Museum in Oslo*, Tone Wikborg）

1924 至 1925 年，维格兰完成了《生命之柱》的模型。从 1929 年开始，人们从挪威东南沿海的伊德峡湾山采制了一整块巨石，包括底座有 56.7 英尺，雕刻成型后重达 180 吨。工匠们在工地上搭建一个木棚，用于遮盖石材和同样大小的石膏模型。1943 年，在维格兰去世前，《生命之柱》终于完成。

后人对《生命之柱》好奇不已，解读它是"生殖器的象征、生存的斗争、人类对精神领域的向往、日常生活的超越以及往复"，还有"人类的复苏"。

维格兰生前的说法是："花岗岩群像描绘现实生活，《生命之柱》则属于遐想的世界；花岗岩群像易于解释，《生命之柱》则可有各种解释。"

我在《生命之柱》面前也是困惑不已。回到家中奋笔疾书，忽然发现《生命之柱》就是滚滚红尘的再现，世界上每一天都在发生这一切。

11

维格兰公园中轴线上的最后一件雕塑是《生命之环》（1933—1934 年）。维克伯格的结论是：

4 个成年人和 3 个儿童连成一个空心环，雕塑直径达 9.8 英尺，立

《生命之柱》

《生命之柱》上的雕塑人物

花岗岩雕塑

132

刻满儿童浮雕的《生命之柱》顶端

在一个金字塔形的底座上，这组雕塑好像正在旋转。作为《生命之泉》以及花岗岩群像的主题，生命轮回的概念在此浓缩为一尊雕像，《生命之环》进一步强调了人类之间相互依存的关系。（*The Vigeland Park in Oslo: Sculpture Park and Museum in Oslo*，Tone Wikborg）

　　人们一般都沿中轴线返回公园出口。事实上，在公园的北面和南面都有雕塑，我们从南面走，看到了两件形似杂技的雕塑，却遗漏了北面的一组青铜人像——《部落》（1934—1936 年）。它是维兰格创作的仅次于《生命之柱》的第二大雕塑，有 21 个人物。由于缺少资金，这个模型一直藏于维格兰博物馆，直到 1985 年获 IBM 赞助，1988 年完成了雕像的刻画。部落分为几个小组，母亲保护孩子，大孩子保护小孩子，两个男人分立两端，都是展现同一个主题——保护亲人。维格兰认为这是人类内心最深处的本能。

　　看完维格兰雕塑公园，总觉得它的雕塑很东方，或者说，有种东方的圆融。中国驻挪威前大使马恩汉说，因为维格兰雕塑公园离官邸只有几百米之遥，他和夫人每天晚饭后都要去那里散步。他感叹，维格兰所表达的中心主题，与中国古代传统中生死不可抗拒与天人合一的思想十分相似。

《生命之环》

第六章
奥斯陆·中篇

1

在赫尔辛基的第二天晚上，我们订了奥斯陆排名第一的餐馆 Hos Thea，因为这种餐馆的座位一般不到 10 桌，随行的朋友把机会让给了我们一家人。从维格兰雕塑公园出来，大巴司机先将我们送到奥斯陆海边附近的餐馆。由于早到了一些时候，我们便在餐馆附近走走。这里的住宅相当漂亮，下午 5 点多，路上几乎看不到一个人。

Hos Thea 果然很小，放不了几个座位。门前布置得很雅致，店里的墙上则挂了几幅绘画作品。餐食很美味，我们赞不绝口，大厨也很开心，送了我儿子一份甜点和一份面条，我还与他合影留念。令人惊讶的是，餐馆的价格并不贵，前菜一份 165 挪威克朗；主菜一份鱼 295 克朗、一份牛肉 330 克朗；甜点一份 135 克朗。我们三个人点了不少菜，还有一瓶白葡萄酒，原以为至少要 3000 克朗，最后加上小费，也就 2000 克朗左右。挪威克朗与人民币的汇率差不多。

要知道这是在全世界物价最贵的奥斯陆。我们后来回到奥斯陆，在一家泰国人开的只能坐 10 个人的小餐馆吃饭，一壶菊花茶，一些简单的寿司，三碗东阴功汤，就要 600 多克朗，我估计上海的价格最多是它的一半。同行人去麦当劳，发现是国内价格的 4 倍左右。

一位相熟的记者介绍说，当地超市里 500 毫升的一罐啤酒是 26 元人民币，一个鸡蛋 2.6 元人民币，一瓶矿泉水 350 毫升 18 元人民币，一瓶可口可乐 25 元人民币，男士理发一次 360 元人民币，女士一次 460 元人民币，电影票一张 100 元人民币。出去选择最廉价牛排馆里最便宜的牛排，一客都得花上 132 元人民币，还不包括前菜、饮料和甜点。

HOS THEA 餐馆

英国专业问答网站 "eHow" 对 "奥斯陆的省钱生活" 建议如下：

　　避免搭乘出租车（挪威出租车起价 100 元人民币）；选择你能步行而至的酒吧，尽量搭乘大众交通，不要在外头玩得太晚以至于错过最后一班巴士；买月票；自己动手做三餐，除非你有兴趣在外头喝 50 元人民币一碗的玉米浓汤；到奥斯陆多元种族移民区古兰卢卡购买日常用品，那里可以找到不少便宜货；去瑞典买肉；在机场买酒；尽其所能取得一张学生证，成为奥斯陆大学校园酒吧的会员，那里有全挪威最便宜的酒吧；挪威是个劳力短缺的社会，想办法找份兼职，当地的时薪大多都在 120 元人民币以上。

2

奥斯陆与上海一样，从 2002 年起房价就一直在上涨，到了 2012 年，一套市中心三房两厅的公寓，价格已超越近郊拥有前庭后院的独栋房舍，一坪约 16 万至 20 万元人民币，相当于每平方米 48500 元至 60000 元人民币。

房价高加上消费水平高，一般来说对任何地方的大多数居民都是压力，带来对居住地的不满。挪威人比较特别，在 2011 年和 2012 年经合组织 OECD 的两度调查中，挪威是成员国国民中满意度最高的国家。

挪威国民平均年收入近 9 万美元，但这不是满意度最高的根本原因。当地的所得税高得惊人，刚毕业的学生谋得第一份工作就要缴纳将近 40% 的所得税，高收入者甚至要缴 50% 以上的重税。按实际可支配的所得，对照挪威的高物价水准相比，其实未必那么宽裕。关键还是挪威的社会福利制度使然，这一点北欧国家都是差不多的，高物价也是普遍的，所以我认为这几个国家的满意度差别应该不大。如果真的差别大，还得另找原因。

3

晚饭后，回到奥斯陆霍尔门科伦酒店（Scandic Holmenkollen Park），酒店在山上，可以俯瞰全城。霍尔门科伦滑雪场自 1892 年建成后，跳雪台已经扩建过几次，现在的跳雪台像苍龙一般抬头挺胸，兼具雄壮与优雅。多多爸说，他在半年前就预定了霍尔门科伦酒店，不容易啊。

天色已晚，不得不睡觉。第二天清晨，我们走出酒店，感觉空气清新，往后山走走，更真切地观察霍尔门科伦跳雪台。

我以前从没有认真关注过跳雪运动。查了资料才知道，它是运动员脚穿特制的滑雪板，沿着跳台的倾斜助滑道，借助速度和弹跳力，使身体跃入空中，飞行约 4 至 5 秒后，落在山坡上。

跳雪运动起源于挪威，它的原型相传竟然是一种刑罚：古代挪威在犯人的两脚各缚一块雪板，从有雪的高山往下推，当他通过断崖的凸处，身体就会被抛向空中，落到山下后摔死。1860 年，两位挪威农民表演了跳雪动作。1879 年，首次跳雪比赛在奥斯陆的休斯比跳雪台举行，但规模很小。

1892 年霍尔门科伦跳雪台举办跳雪比赛，最好成绩只有 21.5 米。1952 年，挪威首次举办冬季奥运会，对霍尔门科伦跳雪台进行了大规模改造。1982 年的世界跳雪锦标赛，这里的跳雪台高度达到 56 米，创造了 109.4 米的纪录。1997 年和 2011 年，奥斯陆又举办了世界滑雪锦标赛，在霍尔门科伦跳雪的纪录是 134 米。

现在每年 3 月的第一个星期，霍尔门科伦跳雪台都会举办国际跳雪节，10 余万人参加，相当于奥斯陆五分之一的人口，真是热闹。据中国驻挪威前大使马恩汉介绍：夏季跳雪台周围的雪融化后，在跳台底部会形成一个人工湖，然后人们会在湖上搭起一个露天舞台，用于举办音乐会。"山高气爽，在此欣赏贝多芬、柴可夫斯基等古典音乐大师的乐曲，别有一番情趣。"

我们 8 月中旬到达跳雪台下，露天舞台已没了踪影。

跳雪台下有世界上首座滑雪博物馆，建于 1923 年，据说内容丰富，可早晨不开放，我们只能摸摸外面的吉祥物，拍照留念。

4

最后，我们从挪威的峡湾深处回到奥斯陆，转机去赫尔辛基。因为晚上的航班起飞时间还早，下午我们继续在奥斯陆闲逛。

我从网上得知 2008 年开放的挪威国家歌剧和芭蕾舞剧院颇受游客、当地

霍尔门科伦酒店

滑雪跳台

霍尔门科伦跳雪运动场

居民和国际媒体的好评，便建议大家先去那里。

像一艘邮轮的歌舞剧院坐落在中央车站附近的海湾边，冰岛艺术家奥拉维尔·埃利亚松（Olafur Eliasson）设计的大厅装饰有些冷艳，让人想起挪威冰川，波动起伏的橡木墙将歌舞剧院的大厅与音乐厅隔开，就像在冰川中发现的一堆原木。

歌舞剧院可容纳 1350 个座位，据说里面设计得不错，没有一般歌剧院通常都有的豪华包厢，很平等。但歌舞剧院的外观已经够让我着迷了，我开始把歌舞剧院看成海湾中的一条船，可仔细想想它也许是作冰川状。更奇妙的是，我们可以沿着像滑雪道似的大理石坡面慢慢地爬上剧院的屋顶，这可是从未有过的体验。按照剧院管理总监的说法："你可以在屋顶上行走，踩在艺术之上。"

有意思的是，大理石坡道的表面平平坦坦，实际上却有几条沟坎，人们一不小心就会绊倒，可它也许能有效地防止人们一路滚下去？

剧院的屋顶是一个巨大的平层，阳光灿烂，景色甚佳，据说市民可以在上面野餐。今天很特别，有人在上面举办婚礼。一对新人缓缓地从下面的白色坡道走上来，在屋顶接受身穿民族服装的亲友的祝福，然后由牧师主持婚礼。

这真是一个幸福的日子。

不知这天对挪威人而言是什么良辰吉日，因为，我们到达市政厅时，又遇上了另一场庆典仪式。

奥斯陆市政厅于1931年开始修建，由于第二次世界大战，直到1950年才完工，风格是装饰功能主义的，可我不觉得有何出彩之处。奥斯陆的市政厅也是诺贝尔和平奖的颁奖地点，但与斯德哥尔摩的市政厅相比，它朴素得多，似乎也较小。

就在我们失望之际，二楼大厅的门开了，走出一对对穿着民族服装的夫妇，他们怀抱婴儿，满脸喜气洋洋，场面甚为壮观。如果是在教堂，我会认为是孩子的满月施洗，可这是在市政厅啊。我们询问市政厅人员，他介绍这

挪威国家歌剧和芭蕾舞剧院

歌舞剧院屋顶婚礼进行中

歌舞剧院内景

橡木墙

歌舞剧院内部

是集体庆祝孩子满月的世俗活动，类似于我们中国的满月酒。不过，我没看见过几十个孩子一起办满月酒的。

5

我是在看到诺德斯特姆的《悠闲瑞典》中一些特别的数据后，才注意北欧的婚姻和家庭状况的。

1. 与其他欧洲国家相比，瑞典的结婚率相对较低。2007 年的数据是每 1000 人中有 5.24 人结婚，这已经很不错了；在前 10 年，数据通常是约 2.2 人。2007 年结婚率最高的欧洲国家是罗马尼亚（8.8/1000），丹麦是 2.6/1000。

2. 约三分之一的伴侣未婚同居。

3. 一半以上（54%）的家庭由一个人组成。

4. 出生率相对较低，每个妇女生孩子平均不到两个（约 1.8 个）。

5. 近 45% 的家庭没有孩子。

6. 单亲家庭数量很大，这类家庭中约 80% 是一个妇女带着一两个孩子。

7. 约一半以上的孩子是婚外所生。

8. 约 80% 的成年女性在外工作，而成年男性的比例为 87%。

6

1977 年，挪威登记同居家庭的比例仅有 5%，可今天已有 25% 的同居者，50% 以上的非婚子女。有人认为，这一切都要归功于挪威工党不畏人言、率先提案废除同居违法的条文。直到 1972 年，同居终于在挪威正式取得合法地位，起步虽比瑞典晚，跑得却比瑞典快。挪威"同居"的本质几乎已与结婚无异，当年工党的理想就是将挪威打造成为一个无性别歧视的社会主义国家，因此"同居"在这个国家的历史传统中，显然并非只是逃避婚姻、便宜行事，而是有意让它成为平等主义国家的养分。

文献还说，除了不具备对方的财产继承权之外，同居者必须共同生活满两年以上，才可享有一般夫妻的法定权益，包括社会福利津贴、育儿补助、养老金以及较为划算的家庭税收计算公式。

我们大多认为同居是婚姻的前奏，可挪威两性专家却发现，先同居而后结婚者，离婚率竟然比婚前未曾同居者还要高。也就是说，与其婚前"试婚"，还不如一开始就结婚，这样更容易白头偕老。

根据挪威卫生机构调查，同居者比较容易出现酗酒或者忧郁的毛病。"原因在于两人一旦结为夫妻，将对共同的未来产生更多期待，它能有效地抑制个人不负责任的失控行为，这是同居者较为欠缺的感受。"英国人也进行过调查，同居家庭的儿童遭到虐待的比例是正常婚姻家庭的 33 倍。

7

挪威的异国婚姻也很普遍，男人尤其喜欢外国新娘。挪威研究机构调查表明，除了爱把俄罗斯女人娶进家门，泰国女孩也颇得挪威男人的青睐。奥斯陆 6500 多对挪泰联姻中，绝大多数人都对自己的异国恋情感到相当幸福。

可惜，异国婚姻不幸的结局也不少。根据挪威异国婚姻的法律规定，假如双方婚姻关系无法连续维持三年以上，配偶（绝大多数是女性）将被遣送回国。它诱发了挪威男人使坏的劣根性，一旦新鲜感退去，便以离婚为要挟，对妻子予取予求，比传统大男人有过之而无不及。原本是双方两情相悦、美事一桩，结果反而成了一场非常糟糕的命运安排。

不少天真的亚洲女子通过网络认识金发碧眼的挪威帅哥，差不多要去挪威完婚时，她们的朋友在网络上对这些帅哥进行调查，却发现对方情史丰富，似乎以结交外国女子为乐，还大方地与人分享独门技巧，这些女孩才如梦初醒。

20 世纪 80 年代，挪威出现首位女总理葛伦·布兰特伦，并产生了世界上第一个女性内阁成员达半数的政府。她一生三度担任挪威总理，为挪威女权打下深厚的基础。进入 21 世纪，挪威政府部会首长平均有五成是女人，国会里的女议员始终维持近四成的比例。欧盟不少国家明文规定私人企业的董事席次至少要有 40% 保留给女性，全世界唯一曾达到此标准的模范生就是非欧盟国家挪威（2009 年达标，有 400 多家国内上市公司受到规范）。

英国网站"eHow"列出了与挪威女人共事的七大守则：

1. 她们的商业谈判技巧纯熟且有效率，不可以对她们掉以轻心。

2. 职场上请以男人的标准对待她们，一旦受到歧视，她们绝对不会忍气吞声。和她们做生意，你的言行举止若有任何不礼貌，接下来的合作注定失败。

3. 挪威女人习惯于直来直往，工作上若有任何问题，请对她们有话直说。

4. 向挪威女人自我介绍时，请以握手致意，并把目光对准她们的眼睛，直到对方告诉你她的大名。

5. 受邀赴晚宴或餐会，请为女主人准备一份礼物，可以是一束鲜花、一瓶酒或一盒糖果，切忌送上只有在丧礼中才会派上用场的白色花束。

6. 如果你是老板，请给女职员同样的薪资水准、在职训练和升迁机会。

7. 提供她们足够的产假。

这是网站在提醒素有绅士风度的英国人，挪威男人早已习惯这些规则了。

1976 年冬季奥运会男子速滑金牌得主、美国籍的滑冰教练米勒 2011 年遭挪威滑冰协会解雇，原因是米勒在与女选手共进晚餐时说了个美国式的黄段子，女选手指控他出言不逊，言语下流。

8

挪威男人也需要足够的"产假"。我们前面介绍过，芬兰的父亲育儿假是 3 周。1993 年，挪威从瑞典引入父亲假，比瑞典晚了 20 年，可它已从 6 周、10 周延长到 12 周。顺便一提，北欧父亲假的风潮已经蔓延至德国，德国父亲可以有两个月的时间带小孩。

区别在于，欧洲的工作模范德国最多也只有 25% 的父亲回家带孩子，其他人继续加班，而挪威有 90% 的父亲甘愿回家当奶爸。

挪威等北欧社会也有奶爸的风气。2012 年，挪威儿童与平等部爆出丑闻，政府原本应该用于女权组织的补助经费，居然有一部分流入特定政党的女青年团分支。这事牵连到司法部长，但下台前，他还是先回去休完了父亲假。

30 岁出头的挪威王子哈康与年近 50 的挪威总理史托滕柏格分别接受媒体访问，他们竟然异口同声地说："把小孩照顾好是我们每日生活的首要之事。"

为了培养今后的奶爸，挪威的小学教育同时向男女生传授烹饪、裁缝和

奥斯陆阿克尔码头

阿克尔港区的建筑

打毛线，让人刮目相看。

　　挪威奶爸的态度是好的，不过，没有想象中那么传奇。挪威官方统计，挪威儿童意外受伤的比例高居世界之首，每年有六分之一的幼儿在家里、学校或者公园受伤，发生率最频繁的几项家庭意外包括跌下楼梯、摔落床铺以及在湿滑的走道上滑倒。

　　有人认为，这和笨手笨脚的挪威奶爸们的看护能力不行有关。

　　挪威学校对待孩子普遍很放松，让那些已经很宽松的美国与欧陆父母都感到吃惊。加拿大人气歌手贾斯汀·比伯即将在奥斯陆举办演唱会，当地各级学校居然为此延期原本安排好的期中考试，让小粉丝们欢呼雀跃。

　　全世界追星族狂热的表现是一样的。我们在奥斯陆机场就见到一群小女孩飞奔上前，将一个大男孩团团围住。大男孩将头蒙住，像个罪犯。后来，我们在去赫尔辛基的同一航班上看见他，很普通的一个青少年，也许是个小歌星？

阿克尔码头的钟楼

　　关于挪威幼儿园还有一个传说，那就是"里面的老师会任由小朋友们在地上吃沙子"。

　　挪威幼儿园的老师当然不会喂沙子给学生，只是觉得小孩子偶尔好奇地舔舔沙子，无须大惊小怪，他们尝了感觉不好，就不会继续试了。当然这需要北欧的环境特性，空气好，污染少。如果在别处，那就吃不消了。我们在北欧超市里买的葡萄，稍微洗洗，就可以吃。而在到达挪威的前几天，我们在某处水果店买了几串葡萄，像是从淤泥里出来的，需要仔细搓洗每一颗。

挪威的家长不仅没有对学校的做法有何异议，自己还变本加厉，将婴儿手推车和上面牙牙学语的小孩子放在动辄摄氏零下15度到20度的冬天室外，自己到咖啡店里喝一杯热乎乎的咖啡。他们的主要理由是让小孩子多呼吸新鲜空气，"它已成为挪威独有的古老传统，代代相传，几乎有小孩的人都会这么做"。

奥斯陆大学医学系教师鲁能则提出警告，如果让小孩子长时间暴露在寒冷的空气中，恐怕会影响他们的支气管功能。但挪威家长照样我行我素，要是在其他国家，他们会被投诉虐待儿童的。

在这一点上我很佩服挪威的家长。

多多的爸爸妈妈在芬兰待了10年，深受当地生活方式的影响，对待儿子多多比较放任。同样是妈妈，在对待儿子的"冒险"方面，我太太比多多妈小心多了。有一个明显的对比，多多4岁后的6年内基本上没生什么毛病，而我儿子就差远了，其实刚出生时，我儿子的身体非常好，多多却有哮喘，体质一般。

最明显的一点是多多很会照顾自己，再怎么贪玩，水照喝肉照吃；我儿子却玩得忘我，什么吃喝都不管不顾。

我们这次从赫尔辛基到图尔库的路上，停车上洗手间，洗手间在一栋大楼的一层，我们家长一起去洗手间，多多和我儿子在走廊里玩。等我们出来时，孩子不见了。我们以为去旁边的卖场了，可找来找去，不见踪影。我们当然着急，

奥斯陆老城区

可还是安慰自己，不会出事的。最后，多多爸说还是回一条马路之隔的大巴
去看看，他们果然自己先回去了。

这是在北欧，孩子是安全的，我们不怀疑。

9

北欧不是理想王国，很多人性的偏见根深蒂固。朋友麦克在赫尔辛基最
大的百货店 Stockmann 办理退税时，看到一个中国游客在投诉，是一位老太太，
在店里被白人男子兜头一击，把眼镜给打坏了，面孔上也有乌青。麦克很不
安地问多多妈，芬兰的种族歧视如何。多多妈说从没见过这种事。当然，多
多妈 10 年没回芬兰了，她也感叹赫尔辛基变了，人多了，热闹了，居然也有

奥斯陆街景

乞丐了。

　　奥斯陆的租房市场供不应求，房东有权挑选房客，其过程简直像是职场面试。房东会详查你的学历和工作所得，最好你能请到前任房东替你美言几句。多数人认定单身汉爱惹事生非，比起未婚女性，若无其他优势条件，成功租赁的机会相当渺茫。反观单身女孩虽然容易获得青睐，但如果你有经常更换男友的习惯，很快就会有住户联名要求你赶快搬家，因为他们强烈怀疑你可能从事不正当行业。

奥斯陆街景

159

第七章
奥斯陆·下篇

1

奥斯陆与赫尔辛基一样，都属于首都中的小城市。奥斯陆的主干道是卡尔约翰大街，2千米长的石板路，宽阔有余，长度不足，从火车站到王宫，半个小时就足够了。

我在此之前已经研究过这条大街，所以并不吃惊。来到大街的尽头，看见王宫，果然如人们所说的那样，朴素无华得很。由于现在的国王还住在宫里，我们无法参观内里。

史达卢桑写的《挪威王国传奇》，从史前时代一直写到1177年（两年后，史达卢桑才出生）。这本史书叙述的挪威皇室故事很有趣，例如有个国王叫哈尔夫丹（Halfdan the Black），为自己不会做梦而犯愁（多么无聊，我苦于天天做梦，处于浅睡眠中）。他向一位智者请教，后者说自己也有此烦恼，但有一个治愈的办法——在猪圈里睡觉。哈尔夫丹果真去猪圈睡，他以后经常做梦。

这位睡猪圈的国王还真的存在过，1904年出土的奥塞贝格维京人海盗船上的公主就是他母亲。哈尔夫丹死后，他的身体被割成许多块，带到许多地方，人们认为这会给拥有者带来好运。

哈尔夫丹的儿子哈拉尔（Harald Ⅰ）向一位女子求爱，但她带信说，哈拉尔的小王国太小，不能与丹麦和瑞典相比，她不想在他身上浪费贞操。信使读完信，以为国王会大发雷霆，没想到哈拉尔说："她提醒了我，我以前竟然没想到这些，真奇怪。"

于是国王南征北战，第一次统一了挪威，也得到了那名女子的欢心，她后来为他生了5个孩子。当然，国王最后还是遗弃了她，因为他至少结了10次婚，她并不是最后一位妻子。

还有一个国王奥拉夫（Olaf Tryggvason）也很特别，他是个虔诚的基督徒，向孀居但富有的瑞典女王西格丽德求婚时，坚持要求她接受洗礼，女王断然拒绝。奥拉夫气急败坏地说："我怎么会和你结婚，你这个异教婊子？"还特地啐了下嘴唇。

女王说："你这话足以让你受死。"

女王利用自己的财富与丹麦王室联姻，共同对付奥拉夫。与波兰联合作战的奥拉夫最后战败，投海而死。女王与其他胜利者瓜分了战利品。

2

挪威王国与瑞典王国联姻，1319 至 1380 年，由共同的君主统治。1380 至 1387 年，挪威和丹麦共享一个君主。到了 1397 年，丹麦、瑞典（包括部分芬兰）和挪威（包括冰岛和格陵兰岛）结成了卡尔马联盟，是斯堪的纳维亚共主的联邦，丹麦势力处于主导地位。我们前面说过，1523 年，瑞典国王古斯塔夫一世击败丹麦人，从卡尔马联盟独立出来。同一时期，丹麦镇压了挪威的反抗，使其成为丹麦的附属国，一直到 1814 年。就在这一年，后来成为瑞典国王的卡尔·约翰从与战败的拿破仑结盟的丹麦那里拿走了挪威，瑞典与挪威再次成为联合体，卡尔约翰大街就是以统治挪威的第一位瑞典国王命名的。现在王宫大门前仍有傲视奥斯陆的卡尔·约翰国王骑马铜像。

在这一点上，我很佩服挪威和芬兰。今天，我们也能在赫尔辛基最显眼的位置上看到沙皇的铜像。作为曾经被奴役的国家，挪威和芬兰人民

卡尔·约翰国王骑马铜像

不会喜欢那段历史，可是他们并没有把那个时代的遗存抹去，而是留了下来，他们知道历史是没法抹灭的。

3

1905 年 8 月 13 日，挪威就独立与否进行公投，赞成票达到 368392 张，否决的只有 184 票，瑞典人大势已去。10 月 26 日，挪威独立。挪威再次公投表决实行君主立宪制还是共和制，近 79% 的人赞成前者。

可是经过 500 多年的异族统治，挪威王室的血脉早已中断，他们只能邀请丹麦的王子哈康七世担任挪威国王，这位国王在位 52 年。

与芬兰相比，挪威在"二战"中的表现十分差劲。在德国入侵之前，挪威政府将开支优先用于其他地方，而大部分陆军、海军和空军的装备几乎报废，装甲、反战车炮等现代化武器严重不足。挪威号称有 6 个陆军师，加上地方武装，号称有 10 多万官兵，可挪威军队从未演练过全面动员，野战演习也为了节省花费而被取消。

德军却是有备而来，陆海空三个维度作战，这是德军第一次真正意义上

挪威王宫

的联合兵种行动。1940年4月9日11点30分，德国军舰进入奥斯陆峡湾，挪威政府只不过是命令进行局部动员。匪夷所思的是，号召令竟然通过邮局递送。

挪威军队当然不堪一击，德军也击退了前来支援的英军与法军。尽管如此，规模较小的德国海军在挪威海战后再也没有恢复元气。

德国占领挪威，保住了斯堪的纳维亚矿产的运输路线。挪威确实具有重要的战略地位，但是随着法国被占领，挪威的重要性大不如前。不过希特勒还是对挪威严加看守，平均每十个挪威人就配有一名德军，极大消耗了德国的资源。

挪威王室在祖国沦陷后流亡英国。1945年6月，哈康七世回到挪威，1957年以85岁高龄辞世。奥斯陆的挪威外交部门前就有一尊哈康七世高耸的塑像。

4

继位的奥拉夫五世在挪威的口碑不错。可是2004年，挪威作家托尔·伯曼·拉森出版了一本传记《人民》，认为奥拉夫五世的父亲不是哈康七世：哈康七世1896年迎娶英国国王爱德华七世的小女儿威尔士的莫德公主，一直到1903年7月，奥拉夫五世才出生。向前推算受孕期，那时莫德王后正在英国秘密住院疗养，丈夫则在丹麦的海军军舰上，他们在此期间最多见过一次面。

拉森推测奥拉夫五世的亲生父亲是英国贵族弗朗西斯·拉克英爵士或他的儿子居伊·拉克英。因为奥拉夫五世与哈康七世相貌差异显著，却酷似拉克英爵士的后人，而爵士正是莫德王后的私人医生。

这个故事似是而非，但大部分挪威人对奥拉夫五世的所谓生理血统并不

奥斯陆市政厅

奥斯陆市政厅附近的雕塑

奥斯陆市政厅

感兴趣，毕竟国王在现实社会中的表现才是最重要的。

奥拉夫五世酷爱滑雪，他还是王子的时候就参加过霍尔门科伦跳雪大赛。直到晚年，每年3月他都要到那里观看跳雪大赛，现在滑雪场前有站在滑雪板上的奥尔夫五世与狗的雕像。如果不作介绍，很难想象一位国王会以滑雪者的形象来展示自己。1991年，奥拉夫五世以87岁高龄去世。

现代挪威的前两位国王都出生在国外，哈拉尔五世1937年在挪威出生。1959年，哈拉尔五世结识了平民女子宋雅，她的教育程度不低，拥有奥斯陆大学的法语、英语和艺术史的学士学位。可是由于宋雅是平民，要嫁给王子不是件容易的事情。经过9年的等待和坚持，他俩终于在1968年结婚。这是老国王奥拉夫五世在议会主席团、议会领袖和政府之间多方磋商的结果。

1973年，他们生下了哈康王子。哈康长大成人，世风大变，作为王储的他在2001年与平民女子梅特小姐结婚，挪威人坦然接受了这位平民王妃。

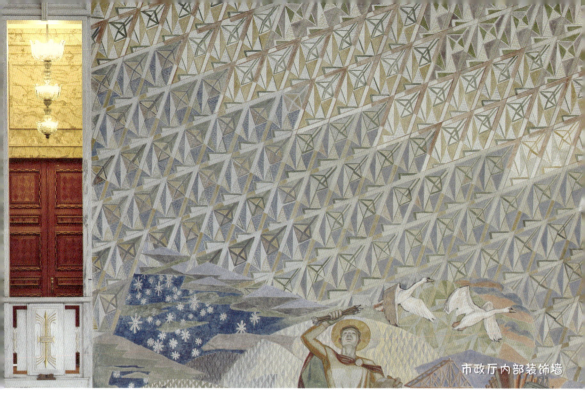

市政厅内部装饰墙

5

　　几乎所有关于挪威的书都认为，是 1969 年石油的发现才使这个国家走上了富裕之路。中国驻挪威前大使马恩汉说，20 世纪 60 年代中期，他到挪威留学，当时有人告诉他，挪威和阿尔巴尼亚并列为欧洲最穷的国家。但到 2008 年，挪威的人均 GDP 为 9.4 万美元，成为世界首富。现在挪威是西欧最大的石油和天然气生产国，年产石油和天然气超过 2 亿当量吨，90% 以上供出口，出口量在世界上排名第五，仅次于沙特阿拉伯、俄罗斯、阿拉伯联合酋长国和伊朗；天然气出口排名第三，仅排在俄罗斯和加拿大之后。石油工业产值占 GDP 的 25%、政府收入的 33%、出口额的 52%。

　　玛格丽特·海福德·奥利里在《韵致挪威》中却说："虽然挪威以出口石油著称，但有一点需要指出，在发现石油之前，挪威就已经是世界上最富有的国家之一。"

　　1954 至 1973 年被称为挪威历史上的黄金时期。在挪威历史上，这些年是发展最迅猛、最稳定的阶段，也是持续发展时间最长的阶段，国内生产总值每年增长 5%，失业率几乎为零，人们的收入普遍翻了一番。

无论如何，挪威人发现了石油后，善用上帝赐予他们的巨大财富，仍然精打细算，让人钦佩。挪威人认为石油储量是有限的，总有用完的一天，更何况，太多的钱用于石油交易会使经济过热。1990 年，挪威议会通过一项法案，成立国家基金会，严格定出石油基金每年 4% 的使用上限，也就是政府最多只能动用石油基金的 4%，用于当年度国家社会福利和公共建设等非石油相关的预算。

1996 年，第一笔钱被存入基金会。几年后，股票和基金投资开始，30% 的资金投资于美股，50% 投资于欧洲股票。2004 年，基金会设立道德监督委员会。2007 年，挪威因为美国的沃尔玛、波音和洛克希德马丁公司不合道德规范而撤回自己的投资。

2006 年，为了避免过于重视石油开采，基金会改名为挪威全球养老基金会。2012 年，基金会规模为 5700 亿美元，超过阿拉伯联合酋长国的主权财富基金——阿布扎比投资局，成为全球最大的主权基金。以人均资产规模来算的话，每个挪威人在该基金中拥有大约 72 万元人民币。

在大部分国家都在为未来几代人的养老金犯愁时，挪威人却做得很不错。

6

我们在赫尔辛基时已经说到芬兰政府官员的清廉，众所周知，这也是整个北欧的状态。2012 年，国际透明组织公布各国的"贪腐印象指数"，在全世界 178 个国家中，丹麦、芬兰、新西兰并列第一，瑞典第四，新加坡第五，瑞士第六，澳大利亚和挪威并列第七。2013 年，丹麦和新西兰排名并列第一，芬兰和瑞典并列第三，第五名则是新加坡和挪威。

有一个冬夜，外面气温零下 7 度，我的好友离开朋友的聚会，开车回家。晚上 10 点，路经挪威国家戏剧院，细雪之间，发现 65 岁的挪威国会副议长朵菲女士站在车站上等待公车回自己的宿舍。她没有专属司机和配车，此时四下无人，当然没必要特意作秀。估计她的薪水不多，不想坐收费昂贵的出租车。

最感慨的是，挪威人认为朵菲女士的行为稀松平常，根本不值得一谈。

7

当然，挪威不是人性的桃花源。据挪威法律规定，为了防止贿赂，所有的国家公务员都不得收礼（私人亲友除外）。但 2000 年挪威国会特别为政府首长开了口子，部长级以上官员可将公务对象送上的礼物收为己有，但必须主动公开清单且缴纳财产所得税。

2010 年秋，挪威内阁高官的麻烦来了。挪威外交部长史托乐被揭发收了阿富汗总统 5 条价值共计 2 万元人民币的地毯。史托乐回来后确实主动申报，可他似乎低估了地毯的价值，有漏税的嫌疑。国防部长艾里克森也被指控受赠一块价值 7600 元人民币的瑞士手表，任内收礼价值总额估计达 5.5 万元人民币。运输部长和区域发展部长两位女士都收到民间公司的两只手镯，没有如实申报。

四位部长颜面扫地，民众要求废除所开的口子，仿造瑞典法令，未来外界送给部长的所有礼物，无论价值多少全部上缴国库。

北欧诸国许多现象都如此一致，彼此可以相互借鉴优点，不会强调什么"特殊性"。

奥斯陆的古尔木板教堂

8

挪威的选举风平浪静，主要是挪威有着严苛的选举法令，"无论是国会议员还是地方首长竞选期间，政党和个人都不得购买电视、平面媒体广告，更不能以个人名义在自己所代表的选区里随意插旗或悬挂竞选标语。他们有电视政见发表会、公办政见座谈，政党当然可自行印制、发送政见文宣（但非常少见），如此一来，候选人便无须陷于极度耗费资源的竞选造势活动，让自己疲于奔命，还得一边选举一边筹钱"。（《韵致挪威》，玛格丽特·海福德·奥利里）

美国式的金钱选举一直被人诟病，不是没有道理的，挪威式的政党和个人选举确实不错。

挪威的选举，冷静却不冷漠。经济合作发展组织全体会员国的平均投票率为73%，挪威人常年的投票率一直维持在77%左右。而且，社会经济地位越高的挪威人，越有参与意识（全国收入前20%的人的平均投票率是82%）。

9

在挪威，不仅是对官员，几乎所有人的财务状况都是透明的。从19世纪初开始，挪威便有公开全国人民纳税申报记录的传统，国家税务单位会在每年10月出版一本记载上一年度挪威人交税的明细报告，所有人都有权利到各地政府自由翻阅这本资料。从2005年开始，挪威财政部将这套资料放到网上。

世界上所有的媒体都喜欢制作企业尤其是个人的财富排行榜，因为它满足了人们的一些欲望，比如窥视和比较，不过，它也能起到监督腐败和贪污的作用。我们开玩笑说，有些富豪榜经常被称作"杀猪榜"，它们帮助政府机关了解原本不透明的富翁的财务状况，而这些富翁多少有不光明的一面。

英国 BBC 曾利用挪威这个特有的查询系统发现，挪威的一个知名乐队成员哈克特 2008 年的总收入是 175 万挪威克朗，是全国人均收入的 6.6 倍，比总理史托滕伯格大约 130 万挪威克朗的年薪还高，但当年度他支付的个人所得税却比总理低。

哈克特的缴税栏除了有年度收入和交税金额外，其余如房子、车子和船舶等个人资产都为零。很明显，他的海外收益至少没有反映在这套税务系统中。

BBC 同时还针对其他富豪进行查询，发现许多所谓的富商虽然名下拥有巨额资产，年收入却是零。这些人采取不支薪的办法合法避开挪威高额的所得税。

当然，挪威的税务系统公开让所有人的财务隐私大公开，负面的效果不言而喻。2010 年，有一个挪威人的财产记录因国税局的失误操作遭到旁人的非议，他一气之下，将政府告上法庭，法庭判他获胜。

瑞典原来也有这套高度透明的个人税务披露制度，但也被人滥用，瑞典媒体曾以"查看你所居城市里前 30 名的百万女富翁"为报道吸引眼球。最后，瑞典政府大大限制了人民彼此检索私人财务信息的自由。

唯有挪威继续坚持这套制度，只是从 2011 年起，政府才规定媒体不得随意公布民众的税务资料，以后在国税部门查询其他人的财产，先要登记注册，留下记录以供查证。

10

挪威一直被一些世界组织列为全球新闻自由度最高的国家，相当重要的原因在于媒体尽可能维持了高度的自我道德要求。记者严格遵守不接受任何采访对象请客吃饭的规范，哪怕只是一杯咖啡也不允许，尤其是不接受官方、私人企业的招待。

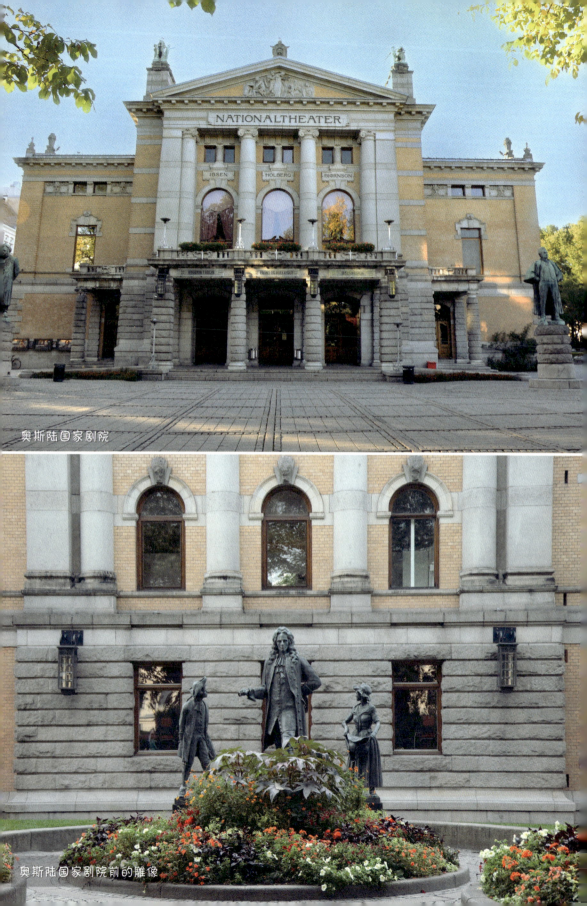

奥斯陆国家剧院

奥斯陆国家剧院前的雕像

挪威政府设置了国家食品卫生稽查员制度。这些稽查员采取从不预警、突击检查的方式来确认店家有没有遵守法定的卫生标准营业。一般而言,如果被查到违反安全规范,饭店不仅要接受重罚,甚至会被勒令停业,等待三个月以上,由政府部门评估改善情况,才有机会重新营业。

奥斯陆中央车站附近有一家餐馆,经营者没有老实地将囤货摆放在当初向卫生局申请的仓库里,而是另外自制秘密夹层,堆放等着上桌的鸡鸭鱼肉。结果被假装用餐的稽查员识破,餐馆停业整顿三个月。

还有一家巴基斯坦移民开的速食店,薄利多销,生意很好。可这家店的卫生条件在奥斯陆商家中真是少见的差,它没有合法的室内用餐执照,经挪威卫生局查获,门外被贴上了"此地经查不得在室内用餐"的告示,给用餐者带来很大不便。半年后,老板重新依法申请,才获批准。

挪威媒体曾进行过一项民意测验,想了解政府各部门在民众心目中的评价,结果是当地食品卫生部门最受信任。

挪威的食品卫生部门对餐厅的卫生有着极其苛刻的要求,而且严格落实每一条要求,民众几乎不需要担心某一家餐厅的厨房卫生是否符合标准。食品卫生部门如此勤勤恳恳地稽查,这让少数游走在食品安全边缘的店家不得不小心翼翼地做着生意,不过消费者很满意官方这种紧逼盯人的做法。

我们在前面已经说到,芬兰、挪威等国都采取酒类专卖制度。为了限制饮酒,政府规定专卖店只能在晚上6点前销售酒类,超过这个时间,顾客只能去酒吧点一杯比专卖店贵三倍以上的酒来喝。为了担心人民过于肥胖,政府对所有的进口糖类制品课以重税,以价制量,避免人们吃糖过甚,影响健康。

所以,包括挪威在内的北欧极少看到大腹便便的人,政府节制糖和酒应

国家剧院前的喷泉

国家剧院附近的雕塑

该是很重要的原因之一。

　　年轻的时候，我一定会对挪威这种"新加坡"式的做法很反感，因为它干涉了人民的自由。现在年岁渐长，慢慢体会到一些制度规则的约束未必是坏事，因为不见得人人都能合理使用自由，适当控制自己。

第八章
哈当厄尔峡湾

1

下面的行程就是去挪威西部两个著名的峡湾和历史名城卑尔根。

在中国没有搞明白峡湾的来历。去了挪威，实地一看就懂了。

大约在 100 万年前，北欧被 100 多米厚的冰川所覆盖。冰川一边涌动，一边削割河床，制造出很多峡谷，这是世界各地常见的现象，这些地方的风景大多十分秀美。峡湾的特色在于峡谷被灌进了海水，不是河水和江水。在挪威语中，峡湾是"深入内陆的海湾"，把这层意思表达了出来。

在中国乃至亚洲大陆都没有峡湾，世界上 80% 的峡湾都在欧洲，欧洲的峡湾主要集中在北欧，北欧的峡湾主要在挪威。此外，新西兰的峡湾也很有名，建有峡湾国家公园，是旅游者喜欢去的地方。

挪威峡湾众多，奥斯陆就有峡湾。公认景色壮观的峡湾有四个，都在西部。

第一，盖朗厄尔峡湾（Geirangerfjord），位于奥格松市以西，以蜿蜒曲折的海湾和飞瀑著名，如"七姐妹"和"求婚者"等瀑布。

第二，吕瑟峡湾（Lysefjord），在斯塔万格市以东。那里有耸立在海面上约 600 米高、悬崖绝壁上的"布道台"和悬挂在 1000 米高空的巨石奇景。这两个景观是挪威峡湾的招牌广告照片，很多人也许都见过，但我和多多爸都认为它们不适合我们这些拖家带口的去，不去为妙。

第三个和第四个峡湾是我们要去的哈当厄尔峡湾（Hardangerfjord）与松恩峡湾（Sognefjord）。

2

我们早晨从奥斯陆出发，中午抵达位于奥斯陆和卑尔根中间的耶卢小镇（Geilo）。下车各自去饭店，等到上车后，朋友麦克发了一段配有图片的微信：

耶卢小镇风光

"今天一早我们离开奥斯陆前往卑尔根看峡湾。路经耶卢小镇，由于要赶路，时间不多，所以闪进路旁一家简朴的面包店解决午餐。简单的面包店，面包却不简单，店主来自法国，对于原材料有极高的要求。苹果派的苹果来自德国，完全不含农药。女儿和我叫了三文鱼三明治，面包外脆内软，三文鱼没有一丝腥味，实在美味。店主说他的梦想是在挪威或日本生活，自从福岛地震以后，名单上只剩下挪威。他还介绍我看巴西作家保罗·柯艾略的《牧羊少年奇幻之旅》，这部巴西有史以来最畅销的书是一个追求梦想、完善人生的寓言故事。店主受这本书的启发，离开法国到挪威追寻创业之梦。"

我早就知道这本书，却从来没有兴趣翻一翻，从北欧回来，赶紧买来读，确实是一本鼓励人实现梦想的

耶卢小镇面包店

面包店老板

书。不过，最后作者好像暗示，经历了各种体验后，最后还是在出发的地方找到了自己所希望得到的东西。

3

我们从耶卢出发，慢慢进入哈当厄尔峡湾。哈当厄尔全长179千米，是挪威国内第二长和世界上第三长的峡湾，最深处达800米。它是四大峡湾中最富有田园风光的。据说，春季时两侧山上的果树盛开着各种颜色的鲜花，与绿色的峡湾交相辉映；夏季，这里到处开满苹果花和杏花，绚丽多彩。

可惜，一路上大雨小雨不断，外面雾气弥漫，景物看不真切。我们确实看到路旁到处是苹果树，却被大雨打得有些模糊。

不过，有一次我们经过于伦斯旺酒店（Hotel Ullensvang），雨突然停了，于是下车观景。酒店在公路的一边，它的对面是一个果园，我太太从地上捡了两个苹果，大家尝了尝，味道新鲜可口。

这家酒店小有名气，从阳台直面峡湾和雪山，雪山的水飞流直下，形成瀑布。经常有一抹云环绕其间，美感十足。酒店内有两个泳池，有一个泳池中可以看到峡湾和雪山，有些类似偏好观景的日本温泉。

多多爸说本来也想订这家酒店，无奈我们人太多，没房间啊。

4

挪威的道路上车不太好开，快车道最高时速100千米，一般车道80千米。更不可思议的是，挪威大部分是单车道，来往的汽车在会车点决定谁先上会车道，有时还必须倒车来避开前面过来的车子。我们乘的大巴第一次倒车时，大家都很惊讶，以为是什么复杂的交通状况呢，以后也就稀松平常了。让人

初夏季节的哈当厄尔峡湾

佩服的是，我们一路上从没有遇到过人为的堵车。

挪威的道路还有一个特点：据说有几百条隧道穿山而过，通向以前只有水路才能到达的小乡村。"有些老隧道很窄，大卡车或大轿车都得直直地压着路的中线走。"隧道不仅多，而且长，穿越经常要 15 分钟或 20 分钟。

当今世界最长的 18 条隧道中，挪威有 4 条。我们通过的是世界上最长的拉德尔隧道（Lærdalstunnelen），总长 24.5 千米，大巴要行驶 45 分钟。《韵致挪威》介绍说："这条隧道于 2000 年建成，是安全性能的典范。为了让驾驶员保持警觉，整条隧道被 3 个大洞体空间分成 4 段，一个居中，另外两个分别距隧道的两端各 6 千米。这 3 个洞体由蓝灯和黄灯照明，产生的效果就好像是在白天开车。"

我们的大巴司机是芬兰人，他 70 岁，已经退休，可不甘寂寞，又出来开车。司机仪表堂堂，身体很好，我每天很早起来，总是看到他已经坐在车上了。司机把我们从赫尔辛基送到图尔库，然后在斯德哥尔摩接我们，走完挪威全程。我很羡慕他啊。

5

在挪威旅行，经常会看到红色、灰色、绿色、黄色和白色的小屋。它们起源于 19 世纪中叶的"西塔（Hytte）生活"，代表一种特有的挪威式幸福。

所谓的"西塔"，是指建在挪威各地山林、溪谷和峡湾上的小木屋，原本只是古代农民为了便于务农和放牧而就近搭盖的简单屋舍，如此农人劳作时就可以有地方歇脚。后来，随着工业发展带动城乡转型，越来越多的人搬往城市，西塔就成了挪威人重温 19 世纪"简单过日子"生活方式的休憩场所。西塔所处的位置，往往是没有电力和自来水供给的，甚至没有一条"真正的道路"能够前往森林，路通常是由人自己踩出来的。挪威人热衷于从水源处挑水回到西塔，自行劈材生火，在老旧的添薪式炉灶上煮东西。另外，由于屋内空间有限，卧室里摆放的通常是双层木板床。

2005 年，挪威有 375000 间度假木屋，几乎是 1970 年的两倍。有些家庭甚至有两处度假木屋，海边的一处用于夏季，山上的一处用于其他季节。2010 年，挪威已有将近 40 万间小木屋，其中十分之一为私人所有（用），其余则是业者用来租赁给度假访客或者申请入山狩猎的猎人的，总计有超过一半的挪威人在小木屋度过长假。

过去小木屋的面积都很小，直至 20 世纪 80 年代，挪威家庭日常居住的独栋房子的空间平均是小木屋的一倍半。到 2010 年，小木屋越来越大，面积只比一般的独栋房小 30%。根据媒体估算，每年春天的复活节假期，有多达四分之一的挪威人会选择在山林里的小木屋度过。

阜尔根颜色各一的房屋

21 世纪以来，挪威人对待西塔的态度出现了变化，尤其是一些富人。2010 年前后，鱼业大亨谢尔·英奇·罗克和商界女富豪赛琳·米德尔法特等都为自己修建了豪华的别墅。媒体当仁不让，对他们加以抨击，罗克也不示弱，说自己受到了恐吓，宣布要把生意从挪威移出，一些挪威富人对此略表同情。

在简朴低调的生活方面，很富有的王室其实一直做得不错。1973 年能源危机期间，星期天禁止车辆运行，国王奥拉夫身体力行，乘坐公共交通工具去滑雪，而不是专车接送。王储哈康和王储妃梅特在挪威南部购置了一间简陋的木屋，只打算进行一些最基本的装修。他们在山区修建了另一处木屋，尽量使用最新的绿色材料和建筑技术。

6

北欧教育和环保的出色众所周知，朋友麦克到了奥斯陆后发图微信："到了奥斯陆中心，一开始看到特斯拉没有特别留意，但是在这个相对紧凑的城市里看到第 6、7 辆 Model S 的时候我就开始上心，发现除了特斯拉之外，日产的纯电动车 Leaf 也非常流行。路边停车位基本都可以找到充电桩。虽然石油业如此发达，可是挪威人没有排斥电动车，与中东产油国道路上的大排量 SUV 相映成趣。"

麦克观察得不错，奥斯陆早在四五年前就宣布要支持电动车，目前已成为欧洲电动车最密集的城市之一。为了推广电动车，奥斯陆政府特别规划了免费停车区，当地停车费用昂贵，这是很有吸引力的举措。阿克尔港区旁有一座大型电动车充电站，所有的电动车车主都可以免费充电。现在奥斯陆的街头巷尾至少有 700 座电动车充电站。

让我最感兴趣的是奥斯陆街头的水肥电力公车。"水肥"不是新鲜的概念，

奥达镇和哈达厄尔峡湾

奥斯陆街头的充电桩

但我在网络上没有查到水肥电力公车的字眼。它的原理很简单，就是利用人体排泄物当作公车的燃料，据说完全不排放二氧化碳，且可减少近八成的氮氧化物和九成以上的粒状污染物。

奥斯陆政府利用城市南区的贝克拉专业污水处理厂处理近半数奥斯陆居民的排泄物，发酵产生沼气，可以供当地80辆公车行驶10万千米（奥斯陆总共有400辆公车）。2010年奥斯陆推出第一辆水肥电力公车后，又有两家污水处理厂打算加入试验的行列。

水肥技术的成本很是低廉，污水处理厂生产1公升生物燃料的成本为0.72欧元，而挪威各大加油站的油价都超过1欧元。以生物燃料换算，平均一个人一年内如厕所产生的排泄物可以生产等同于8公升的柴油，积少成多，贝克拉专业污水厂处理的25万市民的排泄物，可为奥斯陆带来200万公升的生物燃料。

我们中国资源紧缺，人倒是不缺。如果中国的各个城市都发展水肥电力公车，那效果一定极佳啊。

7

朋友麦克回到上海后，又在微信上感叹："这次北欧之行感触良多。虽然没有机会和当地人深入接触，但是在路上还是能窥见一些与美国和欧洲其他地区不一样的地方。比如路上很少看到豪车，奔驰宝马不少，但是炫耀性的跑车基本上没看到，一般车辆都是以实用为主。路上鲜有痴肥的体态，尤其是女士的身形传达着一种健康的美，应该和经常运动有关。北欧水质好，这可以从他们酒店里的龙头花洒看出来，很少看到水垢和堵塞的孔洞。"

挪威只自行生产一些标榜环保的电动车，所有的汽车一律由国外进口。购买一辆新车，除了必须支付 25% 的进口税，还得另外支付一笔"购买汽车一次税"，两笔税金相加，几乎等同于车价。也就是说，挪威人买一辆一般的新车要加 100% 的税费。

如果是 B 等级的高价位车种，税费比例就更高了，因为"购买汽车一次税"的金额会随汽车的排气量而浮动，跑车的税费更是高不可攀。

奥斯陆车龄 10 年以上的车子满街都是，即便是高级住宅区，往来的轿车也不是很豪华。这与挪威的天气有关。挪威冬天路上时常积雪数月，车子相继碾压过后，冰雪受热融化成满地泥泞，溅起的污水把所有行驶其上的车子弄得污浊不堪。为了维持爱车光鲜亮丽的外表，动辄洗车、打蜡，其实是很不符经济效益的行为。

由于挪威大半年时间都是冬季，不管是名车、跑车、新车和旧车，往往都不得不以肮脏的面目示人，很多人也就不太在意新旧好坏的区别了吧。

挪威政府不遗余力地打击开车族：高车价、高油价，还有高额停车费。挪威公路局原来对政府职工停车有优惠，停一整天的费用只相当于25元人民币，还没超市里一瓶可口可乐贵。但到了2011年，公路局取消优惠，员工上班时间必须将车子停在政府机构的停车场，一年要多付6000元。

8

有阳光的时候，我们坐在大巴上，经常会看到窗外一大片金黄色的田地上有一两幢红色的房子，给人一种童话世界的感觉。有时还会在峡湾的峭壁上看到零星的房子，这些孤零零的房子有的是度假屋，暂时离群索居，净化心灵当然不错，可是如果常年居住此地，我是很难不寂寞的。

我们在上海住的是国际化的社区，在小道上彼此却从不打招呼，也不会彼此笑脸相迎。但很多欧美人会这样，每到周末，社区里总有一家欧美人在搞社交聚会，不少人在屋子内外走动，十分热闹。

挪威人的不善交际可能得从全球仅次于冰岛的低人口密度寻找原因吧。

在挪威，一场婚礼，能有30个人前来，已经算是盛大场面了。一个挪威人，所谓的"好朋友"，一生中可能不会超过5个。我的朋友初到挪威时，和当地一个朋友颇为投缘，他们一起去过两次酒吧，也互相邀请对方到家中做客。两年过去，友人已经被那挪威人归为"一生中难得的好友"，这位挪威人的另外两位至交，一个是小学同学，另一个是他的弟弟。

那位挪威朋友的太太是个日本人，很担心他不与朋友联络感情，独来独往，会不会出问题。他有一天回答："当我独自一人骑着脚踏车穿梭在挪威

的城市和乡间，我觉得山林、溪水，哪怕只是一面巨大的岩墙，都可以是我的朋友。不用担心，我一点也不觉得自己孤单。"

9

当天晚上，我们住在沃斯（Voss）的乡间公路旁的一家旅店中。沃斯是松恩峡湾内的一个美丽小城，城市建于 1023 年，但 1940 年遭到德军轰炸，毁于一旦，只剩下建于 1277 年的沃斯教堂和离市中心 15 分钟车程的 1250 年的木制结构建筑物芬内斯洛夫特（Finnesloftet）。

可惜我们住在沃斯的郊外，面对峡湾，旁边是一座乡村教堂，它后面是墓地。这是欧洲乡村中经常可以见到的。中国人可能会觉得晦气，但我们前面说过，这是他们的生活方式，很平常。

峡湾景观

大清早起来，峡湾的水很是宁静，一叶小舟横漂其上，有野渡无人舟自横之感。

我容易腹泻，从不敢碰奶制品。多多爸却劝我尝试一下这里著名的酸奶，保证不会影响肠胃，我犹豫地吃完，果然没事。

大巴向卑尔根进发，附近再遇特云德瀑布（Tvindefossen）。瀑布有许多特殊的凸出悬崖的阶梯状岩石（孩子们可在无水处的台阶上攀爬），水柱倾泻而下，高度大概是150米。这个瀑布的一大特点是就在大路旁，可以靠近，一般瀑布总得走不少山路才能见到。

我见旁边的旅游商店有卖印有特云德瀑布的 T 恤，告诉麦克，它应该有点名气。

不久，麦克发了一条微信："今天第一个景点是特云德瀑布。天公作

沃斯小镇和哈当厄尔峡湾

沃斯小镇附近的特云德瀑布

美，金黄的晨光为摄影创造了良好的条件。小孩子看到水都极度亢奋。这个瀑布很有层次，层层的岩石就如同一道天然的阶梯，很容易往上攀爬。三国语言的告示牌劝喻游客不要拿走景点的石头。离奇的是下款注有产业拥有者（Property Owner），难道这个瀑布属于私人物业？"

10

第二天的天气比前一天好，大部分时间是晴天，峡湾山明水秀，绿意盎然。我们近中午时在被称为全世界最美丽村庄的努尔黑姆松（Norheimsund）吃饭。我们意外地找到了一家 Thon Hotel Sandven，它是哈当厄尔峡湾地区唯一瑞士牧人小屋风格的酒店，由一位当地人设计，这位设计师还设计了其他三家挪威西部的酒店。仔细看看，酒店内部确实古色古香，很有情调。

问题是，我们没有预约，酒店没想到来了这么多中国人，还要照顾其他客人，一时无暇兼顾，竟然拖延了两个多小时。整个大堂，只有一位长得很有影星气质的女服务员在张罗，后来虽然来了一位女士帮忙，还是手忙脚乱，甚至上错了部分菜肴。

等到结账，又碰到我们团队所有人的各种信用卡不能刷的状况，反反复复地商议了好久。最后，我们当机立断，与女服务员一起算账，付欧元，再折算成挪威克朗，总算脱身。

在挪威，经常出现信用卡无法使用的情况，有时还要让你输入密码，而中国的密码又不对，这是我在欧洲其他国家从没有遇到的情况。

头一晚，我们在沃斯的乡村旅店也碰到类似的情况。晚餐的时候，也就十几个人，只有一位戴着深度近视眼镜的男服务生。菜肴姗姗来迟，而且上错了。我们很理解，更何况他推荐的红酒不错。

沃斯清晨的彩虹

　　我们知道在欧洲要有耐心，在北欧更是如此，晚餐拖延一下无所谓，但午餐等了这么长时间就麻烦了，因为我们还要赶路呢。

11

　　我一路上观察芬兰、瑞典和挪威人的精神面貌和行为举止，有时会思考那个描述斯堪的纳维亚人的有名的"洋特法则"有没有道理。洋特法则出自丹麦作家阿克塞尔·桑德摩斯的小说《一个流浪者的足迹》，它共有10条：

　　　　1. 不要认为你是特别的

　　　　2. 不要认为你的立场和我们一样

　　　　3. 不要认为你比我们聪明

　　　　4. 不要自我幻想你比我们好

5. 不要认为你比我们懂得多

6. 不要认为你比我们重要

7. 不要认为你什么都很行

8. 不要嘲笑我们

9. 不要认为谁会在乎你

10. 不要认为你能教我们什么

但许多北欧的年轻人认为洋特法则已经过时，产生了反洋特法则：

1. 要相信你是唯一的

2. 你比你想象的要有价值

3. 你可以学会任何东西

4. 你比其他很多人都好

5. 你比其他许多人知道得多

6. 你有很多值得骄傲的地方

7. 你能够做任何事情

8. 你应该玩乐

9. 你有可以与他人分享的知识

……

不过，我总觉得反洋特法则充满了美国式乐观的陈词滥调，不如洋特法则那么洞察人性。知道它，在人群中至少不会成为傻子。

第九章
卑尔根与松恩峡湾

1

来到卑尔根，已经是下午4点左右。大家都很后悔，不应该在那家瑞士牧人木屋酒店用餐，尽管卑尔根最繁华的街道上的橱窗里也对它大事宣传。

我也很沮丧，因为卑尔根酒店旁就有汉萨博物馆，但此时已经关门了。这是我感兴趣的地方。

1300年前后，欧洲传统的、运货量小的陆地贸易失去优势，被海上贸易占了上风。这条海路通过地中海、直布罗陀海峡和大西洋海岸，将意大利城市（热那亚、威尼斯）与北海连通起来，先是意大利人，然后是德国的汉萨同盟和英国人先后利用它进行海上贸易。

汉萨同盟就是商人协会，商人们联合采取行动，以便更好地维护自己的商业利益，在城市里取得某些特许权，并保障货物运输安全。各城市的汉萨同盟曾经蓬勃发展，控制了东北欧和中欧的商业贸易，当时的诺夫哥罗德、卑尔根、伦敦和布鲁日等大型商业城市都有同盟的商站。

> 从诺夫哥罗德将货物——粮食、蜂蜡、波罗的海的琥珀——经但泽一直运到吕贝克，然后再经陆路运至汉堡，随后再由河运或海路运到坎彭或布鲁日。有大量货物，尤其是呢绒和盐，从这些城市运往其他地方。但是从15世纪中叶起，汉萨同盟渐渐趋于衰退。（《欧洲史》，加亚尔等著）

我从中学读历史时就喜欢上了汉萨同盟。这是中国历史上从来没有的事物，充满自由贸易的气息，我尤其喜欢这些有意思的同盟中的商业城市，后来的英国与荷兰多少带有这种基因。

早在 13 世纪，卑尔根因与北方进行干鱼贸易获利甚丰，得以壮大发展。卑尔根是中世纪北欧最大的城市（13 世纪挪威统一后的第一个首都，1830 年前挪威最大的城市），对外贸易的对手起初是英国，后来转入波罗的海沿海地区。卑尔根的商人是汉萨同盟成员，但他们还面临着另一个保护商业的城市联盟——以吕贝克为首、由 60 多个商业城市和地区组成的同盟。德国的谷物充足，鱼资源不足，正好同挪威的资源有着极强的互补性。

当时的吕贝克商人几乎控制了挪威的谷物进口，实力强大，他们在卑尔根购买土地定居下来，如果他们的要求得不到满足，就以切断谷物供应相威胁。APA 出版社的《挪威》一书认为，这也是挪威当年一直拒绝加入欧盟的主要理由——害怕类似的束缚。当然，随着 2009 年的欧盟经济危机爆发，挪威是铁下心不趟这浑水了。

港口一排三四层楼高的德式老木屋（布吕根）五彩缤纷，就对着外面的

汉萨博物馆，卑尔根

海港矗立着，远远看去，像个缩小版的上海外滩。比较有意思的是，这些老木屋的背后还有纵深的胡同供游人参观。我看着这些大多很新的房子，提醒自己这可能就像上海的新天地，外人感觉新奇，老上海人却知道这是在迎合游人，上海石库门真正的生活形态不是这个样子。

我们今天能看到的也许只是想象中的汉萨同盟时代的卑尔根。

3

沿着这些德式老木屋行走，看看里面的商铺，很快就来到大名鼎鼎的卑尔根鱼市场。因为时间已是下午5点，我担心它是封闭式建筑，那就会关门歇业了。到了跟前，看到是露天帐篷式的，一问要营业到晚上10点，就放心了。

卑尔根鱼市的价格比赫尔辛基鱼市便宜得太多，据中国驻挪威前大使马恩汉介绍，全欧洲居民都会到这里买海鲜。鱼市不远处有个客轮码头，每天数班轮船把来自欧洲各国的海鲜食客源源不断地送到这里。往返于英国和卑尔根的船票只要60欧元，很划算。

我见多多爸点的是大龙虾和青口贝，也就从善如流，外加生蚝，大吃特吃起来。没想到，人家晚上又来了第二轮，专门来吃北极蟹。第二天早上，还很诚恳地与我总结，昨天不应该先吃大龙虾，而是应该先吃北极蟹。这不是在故意馋人吗？

鱼市场商品种类繁多，价格公道，而且最前面两个大摊贩都有中国人做翻译，想来这里的中国客户也不少。在美国的大学同学发微信告知，应该尝尝这里的鲸鱼肉，可我早已酒足饭饱，没法继续了。

到了晚上8点左右，我们坐缆车登上320米高的弗勒于恩山（Mount Fløyen），在高处俯瞰大海、海湾、山峰和市区，接着下山观光卑尔根市容，

卑尔根鱼市

鱼市摊贩

又回到鱼市。我想再来吃一顿海鲜大餐，但同行的人都无心恋战，只好买了一斤新鲜的北极虾回酒店房间吃。在酒店的酒吧里，请酒保推荐，他拿来一瓶450克朗的红酒，这价格在欧洲可算是贵的。回到房间，我和太太就着北极虾，喝着红酒，也不知道是北极虾太鲜美，还是红酒本身品质优，反正这是我在北欧喝的最好喝的红酒，即便它卖1000克朗，我也不会在意的。

在欧洲的其他地方，只要有可能，我就会在餐桌上喝红酒。在北欧的最后几天，我几乎每天晚上还要与太太分享一瓶红酒。10 欧元以上的红酒就很可口了；如果超过 40 欧元，那绝对是美酒。到了欧洲，才知道葡萄美酒夜光杯的滋味，才爱上了它。

我最后在赫尔辛基机场背了 7 瓶葡萄酒回上海。

4

在上海，我一直对脍炙人口的挪威三文鱼念兹在兹，但到了挪威，却对三文鱼兴趣大减。

挪威人过去吃三文鱼是将它煎得半生半熟，保留肉质的鲜美和滑嫩，然后佐以个人偏爱的酱汁。但自 20 世纪 90 年代起，日本生鱼片的吃法风靡挪威。日本人为了吃到新鲜美味的三文鱼，竟然不惜天天用一架波音 747 专机运送。于是三文鱼成为挪威除了石油以外出口收入的第二大来源。

但几年前，挪威媒体披露当地的三文鱼养殖业者在智利另设养殖场，且使用了比当地多出 5000 倍的抗生素剂量。接着，环保团体指控挪威三文鱼养殖业者并没有如他们自己所称，只打了微量抗生素，事实上还用了早该禁止的化学饲料喂养三文鱼。虽然只对养殖的三文鱼这么干，可海水是流动的，势必会波及野生三文鱼，食用者因此有患癌的危险。

如果单靠野生三文鱼，挪威是无法满足出口需求的，只能大量发展三文鱼养殖业。为了牟取暴利，他们过度繁殖三文鱼，产生超量的寄生虫，最后只能使用杀死寄生虫的化学饲料来喂养三文鱼。

但媒体与环保团体的呼吁对三文鱼养殖业者没有形成任何冲击，他们仍然我行我素。看来对任何地方的商业诚信都要保留一定的警惕。

从弗勒于恩山俯瞰卑尔根全景

卑尔根的德式老木屋

卑尔根街景

　　像往常一样，第二天早晨，我比同行人至少早起一个小时，在酒店门前的布吕根走走看看。

　　前一天一到卑尔根，我就买了当地的一本官方指南，晚上边喝酒边看书。前文中的卑尔根介绍大部分来自在上海学习的书本知识，与这本书比较，有些地方未必准确。我喜欢这种校正。我在上海也经常去看看老房子，走走老弄堂，逛逛老马路，琢磨它们历史上的各种故事，不时产生新的想法。

　　卑尔根城市官方指南说，卑尔根市一向被称为七姊妹城市，因为卑尔根建造在七座山峰之间。

　　卑尔根很早就通过海路与全世界联系，是当时北欧的大城。但对挪威而言，它的地理位置并不太理想。自从1909年铁路开始启用之后，卑尔根才真正成为挪威的一部分。所以，卑尔根人在被问及来自哪里时，一般不会回答"从

卑尔根的彩色老木屋

挪威来"，而是"从卑尔根来"。

与奥斯陆相比，我确实更喜欢卑尔根。奥斯陆也有峡湾，就像海湾，可我没有感受到海洋的气息。

不知怎么，我只要遇到海洋性的城市，就会激动不已。

港口的布吕根建筑群共有61间，它们曾在1702年被大火焚毁，其后重建。然而，20世纪50年代的两场大火再次焚毁布吕根木屋，后来再建的木屋同以前一模一样，唯一的改变就是南面的几间木屋被拆毁，建造了砖屋。也就是说，这些木屋只有60多年的历史，我以为至少有100多年。

卑尔根不是德国汉萨同盟的城市，它只是德国人与挪威人行商的落脚点。德国汉萨同盟的商人确实垄断了卑尔根的一大半出口，挪威国王想出手压制德国人日益膨胀的势力，但徒劳无功。16世纪，有位挪威国王派驻卑尔根的代表在当地的居所（塔）上架了巨炮来震慑德国商人，这也可见当初的汉萨

卑尔根的房屋

卑尔根的彩色木屋

同盟是多么强势。瑞典国王为了与爱沙尼亚的塔林竞争，草草建造了芬兰的赫尔辛基。

布吕根的德式木屋不是通常人们所说的由德国人所建，当初他们北上挪威抵达卑尔根，都是向当地人租借这些木屋发展业务。汉萨同盟的商人在卑尔根的经营持续了 400 年，他们有自己的生活方式，从来不与外人打交道。汉萨同盟势力衰微后，大多数德国人并没有离开卑尔根，所以许多卑尔根人是有德国血统的。

布吕根的后面有一座教堂，夕阳下古旧而不失气派，很吸引我，可不知道它的来历。现在我知道它是卑尔根最古老的建筑——圣玛利教堂（St. Mary's Church），建于 12 世纪，德国汉萨同盟商人曾接手管理过它，所以教堂内的家具与装饰都是以德国哥特式为主，其中祭台是德国人在 1676 年捐赠的。

在外面，没有导游和当地朋友的指引，看到一座陌生的建筑，很喜欢，却不知道它的来历，心中会有些失落感。偶然间，在一本书或一篇文章中知道了它，而且是那么有价值，不免有些得意。

卑尔根也是文化中心，一般人都知道卑尔根是挪威著名音乐家格里格（Edward Grieg）的家乡，他的故居"特罗豪根"就在卑尔

卑尔根圣玛利教堂

根的郊外，至今仍保留着他在世时的样子。

由于大部分是木结构建筑，不仅是布吕根，卑尔根全城也屡遭大火摧毁，1702年和1916年发生了两次最大的火灾。一直到1920年，卑尔根才被完全重修。卑尔根人以前马马虎虎的，不那么注重怎样去建造自己的屋子，大火后城市规划得整整齐齐，也出现了许多砖瓦建筑，但仍然是欧洲最大的木建城市之一。

我们昨天黄昏时分走过卑尔根的一些街道，街景看上去赏心悦目，匆匆路过，可惜了。

6

卑尔根也是挪威峡湾的门户，不少游客不通过奥斯陆的陆路而是直接到卑尔根游玩峡湾。我们早上从卑尔根前往居德旺恩轮船码头。松恩峡湾是世界上最深最长的峡湾，长204千米，最深处有1308米。我们要游玩的是长17千米的纳柔依峡湾（Nærøyfjord），它是松恩峡湾的一个分支，最窄处的水面仅300米宽，沿岸多高山。

轮船沿着峡湾慢慢行驶，景色优美，但外面风大雨大，人饥寒交迫，只能回到舱内。轮船上的快餐价格惊人，我们也只能消费。

我们在城市里，有时看到前面有一块乌云，就会有东边日出西边雨的感觉，可这只是想象，或者是另一个区在下雨。我在美国大平原开车，可以看到远处的乌云和乌云下面的大雨，很真切，这次坐车，在峡湾的对面也经常见到这种情景，但它们还是有一大段距离的。在峡湾的轮船甲板上，近在眼前的一块乌云在下雨，这么近，令人目瞪口呆——"我们这里倒是不下雨"，话还没说完，雨就落下来了。这种经历很有趣。

峡湾中有不少海鸥，围住轮船，向我们讨食。孩子们兴奋地往高空中抛掷食物，不亦乐乎。我们两年前在韩国仁川的一个岛上吃海鲜，也有许多海鸥围着轮船飞，我们专门买了食物在甲板上喂它们。但人们陆续逃回船舱，那些海鸥边吃边往我们头上拉屎！我以为峡湾的海鸥也会这么干，但它们绝不掠过我们头顶，只是在我们前面飞舞。到底是挪威，海鸥也很有耐心。

7

轮船停靠在弗洛姆（Flåm）。我们到达时，还不到下午 3 点，以为能买到 4 点多的弗洛姆铁路火车票，但由于我们没有提前预定，人多，没法乘。下一班火车是 5 点多的，大家有些犹豫，我坚持要乘，因为我在上海做过研究：欧洲西部大约有 140 条铁路线，有 19 条被评为险峻程度最高的三星级，其中有两条在挪威，即卑尔根铁路和弗洛姆铁路。

弗洛姆铁路获得三星级，部分原因是技术因素。弗洛姆铁路是北欧最陡峭的标准铁轨（1435 毫米）铁路线，20 千米长的铁路中，80% 的路段坡度都超过 55%，最小的转弯半径只有 130 米。铁路从弗洛姆出发，往返海拔 866 米的米达尔车站，火车每行驶 23 米，高度就上升或下降 1 米。火车最快只能以每小时 40 千米的速度行驶，倒是颇适合旅游者欣赏风景。

当初建设铁路主要是经济原因。1908 年，贯通奥斯陆与卑尔根的卑尔根铁路正式运行，人们就有建设它的支线弗洛姆铁路的设想，但因为各种利益和理念的争执，一直到 1936 年夏天，才从米达尔车站开始铺设铁轨，1940 年春天到达弗洛姆车站。同年 8 月 11 日，弗洛姆铁路正式运行。

从今天看，当时的争议也不是没有道理。1950 年，米达尔车站的永久居民有 142 位，到了 2001 年，这里只剩下 6 个人；弗洛姆也只有 400 个居民。如果仅仅是为了运输两地和沿途的人员物资，铁路公司早就亏损倒闭了。

峡湾风光

可是，由于弗洛姆铁路沿途的风景绝佳，每年有 40 万名旅客来这里坐火车，因此变得不同凡响。

8

弗洛姆铁路每到一个站点，都会做一些相关介绍。铁路的服务非常周到，我们占了整节车厢，广播和指示牌上都有中文提示，在观光纳柔依峡湾的轮船上也会播放中文介绍。

火车行驶了 3 千米，广播就提醒我们注意山谷中的弗洛姆教堂。教堂、溪流和红黄色的小屋，都是我们熟悉的景物。弗洛姆教堂的原址是中世纪的木板教堂，今天的教堂建于 1670 年。起初教堂的墙壁是涂了柏油的，但在 19 世纪中叶，教堂被漆成了白色，20 世纪 60 年代，教堂再度被涂上柏油。从画面看，柏油应该更好看些。教堂的墙上有大量的壁画描绘鹿、狐狸和狮子。我们早出晚归，虽然途经几座类似的小教堂，甚至还在其隔壁住过，却从没进去过。我们也只能从资料文字上想象弗洛姆教堂的内景。

弗洛姆村庄

卑尔根铁路隧道

    教堂旁边的农场竖立着一块高高的石碑，纪念诞生于此的 19 世纪后期诗人皮尔·斯维勒（Per Sivle）。我对北欧文学本就涉猎不多，因此不甚了解他的生平和著作。据说斯维勒在奥斯陆巧遇一位从弗洛姆来的熟人，激动地说："把你的手放入松恩峡湾，紧紧抓住，带去我的祝福！"

    弗洛姆铁路三次穿过峡谷和河流，且没有建造一座桥梁。火车从第一条隧道出来之后，就会看到垂直下降 140 米的尤安达瀑布（Rjoandefossen），这对比强烈的景色经常被各种旅游书籍作为封面，弗洛姆铁路的官方指南更是绘声绘色："在峡谷底部河岸上的农场里有繁茂的绿色田野及果园，背景是庄严地伸向天际的维德麦斯鼻山，尤安达瀑布像一条印色缎带装饰着这座山。"

9

    田园诗般的美景只是弗洛姆山谷的一面，现在我们看到的是它原始而狂野的部分，深深的黑暗峡谷里是泛着白色泡沫的河流，阳光从不会照射到这里，

弗洛姆铁路

它就是挪威人传说中山妖的居所。接着是雪崩造成的山体沟壑和滑落的岩石，每年冬天都会听到无数次的轰隆隆声，响彻整个山谷。溪谷里几乎没有任何草木，连岩石表面也被冲刷得干干净净。

火车进入长隧道布罗姆海勒，出来是古老山谷底部的卡尔达农场和绿色的田野。广播里告诉游客这里有 300 头羊，慢慢数吧。

火车从最后、也是弗洛姆铁路最长的隧道里出来后，在 1 千米的爬升过程中，我们竟然可以看到五层铁路线，其中四层属于弗洛姆铁路，最上一层部分属于卑尔根铁路。

与此同时，我们更清晰地看到山侧有从卡尔达农场通往米达尔山的"小工"之路，4 千米的道路竟然有 17 个弯，坡度也很惊人，每前进 6 米，海拔高度就增加 1 米。它建于 1895 至 1896 年间，是为了从山顶高原向卑尔根铁路建设工地运送原料，工具是马匹和马车。弗洛姆铁路建成之前，这是唯一一条连接卑尔根和松恩峡湾的道路。

弗洛姆教堂

肖斯瀑布

农场的羊

"小工"也就是挪威的铁路工人，他们当年被人称为"粗人"，特征是宽檐帽、嚼烟草和红色的大手帕。"小工"承受着今人难以想象的苦痛，他们用马拉肩扛修筑成弗洛姆铁路。人们试图在挖掘隧道时使用汽油和柴油的机车，由于污染太厉害，只能再次使用马匹。小工的薪资每小时 2 克朗不到，运输的马匹往往需要自备，但拥有它的工人会安全些。挪威人也是这样苦过来的。

10

最精彩的场面要出现了。广播告诉大家下一站是肖斯瀑布站(Kjosfossen)，乘客可以下车到一个平台上欣赏壮观的瀑布："抬头看向天际线，我们可以看到、听到白色的、咆哮着的水流冲我们而来。河流遇到山边陡峭的石壁后被打成泡沫，形成壮观的景色。构成瀑布的数条小溪从附近的悬崖上插入，整个山边都变得生动起来。水给予了山生气，流动的水一直以来都是、现在也是最伟大的生命之源。"

我们走下火车，发现这里其实是个巨大的舞台。音乐响起，一位穿红衣的女精灵在右边水电站遗址附近歌唱，若隐若现，一会儿从这里出现，一会儿从那里出现（我估计是两位演员），充满戏剧性。外面下着不小的雨，衣服被打湿了，我们还是依依不舍。

游客不是每次都能看见红衣的女精灵演出，我们回来时她就不见了。我们上火车时在想：这么晚，女精灵该是下班了吧。

据弗洛姆铁路线上的传说，肖斯瀑布旁的女精灵是树精灵，如果你出生的时候碰到幸运星，就有可能遇见她。树精灵是居于地下、山上和峭壁上的一种精灵，她喜欢隐藏，和她的爱人秘密生活在一起。

男人对于树精灵有一种强烈的情欲需求，一直到20世纪30年代，仍有男人遇到野性而又充满情欲的树精灵的记录。从正面看，树精灵长得非常漂亮。从背后看就是完全不一样的景色：她有一条牛尾，有时候背后还是凹陷的。她不时嫁给普通人。

关于过世之人的信仰和树精灵的故事之间有着共通性。人们坚定地认为人去世之后，灵魂还会继续生存，一种信仰是灵魂会保留在身体所在的位置，在坟墓或在山上，如果溺水而亡的话就是在水中。（*Flåmsbana*, Johs. B. Thue）

从弗洛姆铁路上看肖斯瀑布

11

我在挪威看到一本绘本《山精男孩和巫婆》，竟然还有中译本，出于好奇，便买了回来。内容很简单，可大致勾勒了挪威人山精传说的氛围。

早在人类存在以前，森林里有各种各样的巫婆、小精灵和山精。那些山精住在小村庄里，彼此隔得很远。

有个村庄的一对山精男女要结婚了，男的叫琼特，善良勇敢；女的叫马尔华，她的笑总能感染每一个人。马尔华的父亲是个铁匠，他打了一对金戒指，一大一小，小的正好套在大的里面。大的给女婿，小的给女儿。

老铁匠说："如果有什么危险威胁到你们，只要用大戒指套着这枚小戒指，就不会有坏人伤害你们了。这是因为我把自己和你母亲漫长而美好的一生中共同分享的所有爱都注入到这两枚戒指里去了。"

在一座山最黑暗的森林中住着一个邪恶的巫婆，她无法容忍快乐的山精。别人痛苦，她才会快乐。

到了山精要结婚的日子，琼特去为新娘采花，在森林中遇见了巫婆。巫婆给他吃了两只草莓，琼特中了毒，以致找不到回家的路。他在森林里走了几周，最后被另一个村庄的女孩救了，但无法归还。一年又一年，最后他只能与救了他的女孩结婚，不久生下了儿子乔恩，跟父亲长得一模一样。

琼特失踪后，村子里的人到处找他，没找到。马尔华悲痛欲绝，再也听不到她的笑声。

多年后，她只能和别的男山精结婚，生下女儿马简，与妈妈长得一模一样。而且，她有着和母亲过去一样的笑声。山精们说，终于有人能让我们快乐起来了。

有天晚上，琼特告诉儿子过去的故事并把戒指给他，让他知道它的神奇。

第二天，乔恩出发去找父亲曾经居住的山庄，路上救了一头落难的小熊。

乔恩出走一个星期后，遇到了马简，她带他回到自己的村庄。

一路上马简有说有笑的，巫婆再次发疯，要把两个快乐的小山精都变成蛇。

这时乔恩看见马简手上的戒指，马上脱掉自己的戒指，套在女孩的戒指上。

巫婆大惊，逃进森林。

到了马尔华的村庄，马尔华知道了琼特和乔恩父子俩的故事，终于开怀大笑。

乔恩和马简来到巫婆的黑山老巢，把两只戒指套住，想让巫婆痛苦地死去。没想到乔恩撞倒了一块石头，戒指掉了，滚到巫婆的身边。巫婆反败为胜，正要把他们变成蛇的时候，有头大熊出现了，把巫婆扔进了深渊。

山精以为下面要轮到自己了，没想到大熊是来报答乔恩救了自己儿子的恩情。

山精安全了，琼特与马尔华重逢，乔恩与马简结婚，圆了上一代的梦。

12

这天下午我们要去弗洛姆火车站乘火车，由于时间实在太早，我们先坐大巴到艾于兰峡湾（Aurlandsfjord）的观景台俯瞰峡湾壮美的景色。在观景台附近，我们看到雨后的双彩虹。我过去曾偶尔看到过双彩虹，但很模糊，这次却非常清晰。我们兴奋了一会儿，车子来到观景台，这时再次发现空中出现双彩虹。两轮彩虹就在你的面前，十分生动。我第一次面对面地看彩虹，这么近，激动不已。

很奇怪，小时候在上海多次看到过彩虹，现在则很少看见了。

艾于兰峡湾的双彩虹

艾于兰峡湾水域的游轮

　　我注意到关于挪威的各种画册的照片上时不时会挂着一轮彩虹，但没有看到双彩虹。今天，我们仿佛被彩虹环绕。

13

　　坐完弗洛姆火车，回到艾于兰峡湾的乡村旅店。艾于兰峡湾也是松恩峡湾的一个旁支，景色也很奇特。

　　在旅店吃了一顿富有乡村风味的饭菜，睡去。

　　第二天我很早就醒了，走出去看峡湾，白云缭绕、烟波浩渺、飘飘欲仙。回头再看看山，看看山上的房子。今天终于到了峡湾的深处，以前只是朦胧大概的景色，现在都清晰地展现在眼前——教堂、墓地、楼房和农地，很具体。我们在乡村中走着，迎面是一条河，河边种着绿树，有江南景致的韵味。过了桥是农庄，有一群羊在吃草。我们跨过低矮的栅栏，朝羊群走去，它们并不怕陌生人，向我们走来。只是走到一定的距离，大家都站住了，然后羊群散开，让我们拍照。

挪威的"西行漫记"快要结束了，接着就是回奥斯陆，然后飞赫尔辛基，最后回上海。

从没有想在挪威多停留，毕竟这里冬夜漫长，美好的夏日很快就会过去。麦克一边拍照，一边嘀咕："现在是好，就是不知道接下来的日子会怎样。"

可我仍然有些依恋，有些不舍。我过去一直不明白挪威为什么总是名列世界最适宜居住的国家榜首。就凭空气好，不腐败？物价贵、冬天长、人太少不是缺点？

我在挪威走了没几天，确实感受到田园牧歌的欢欣。2013 年夏天，我去黄石公园，体会到熊、野牛和鹿近在咫尺的亲切，这次又迎来与自然接近后的心灵触动，我喜爱这个地方。

来之前，在上海读北欧一两百年前的历史，有一段故事我记住了：

　　1825 年，满载 52 位水手和乘客的里斯特瑞号帆船来到美国，开始了挪威往美国的移民历程。当时，挪威只有 100 万人，接下来的 3 代人中，

昂德瑞戴尔村庄

艾于兰乡村街道

有 75 万人移民到北美。幸好挪威的人口在不断增长。挪威人的移民潮有一个特点：在国内经济状况良好时达到高峰，在国内经济恶化的时候却走向低谷。分析者认为，也许是因为经济萧条导致人们付不起昂贵的旅费吧。可经济状况良好，还要往外移民，只能说明他们从长期不看好挪威的未来。（《挪威》，新加坡 APA 出版有限公司编）

这股挪威移民潮在 20 世纪 30 年代基本结束了，尽管挪威裔美国公民直到第二次世界大战期间还在增加。

挪威当年的移民潮在北欧不是孤例，19 世纪末 20 世纪初的瑞典人也是成千上万地离开祖国，前往美国开始他们的新生活，芬兰人也不例外。

100 多年过去了，北欧成了人类最适宜居住的地方，大量的海外移民涌向那里。今天，挪威人是全球各国中对自己国家认同度最高的之一，可同样是这片土地，在他们先辈的面前却是穷山恶水。挪威向来地广人稀，土地虽然贫瘠，可还是足够养活这点人。他们大规模地离开挪威，无非是对祖国感到失望。

艾于兰乡村旅店

艾尔兰的传统白色木屋

　　回到上海，前几天还是习惯早起。有一天清晨 6 点不到，从书房的玻璃窗遥望河对岸，发现有一只白鹭慢条斯理地走动，然后是两只、三只。此时河的两岸寂静无声，它们逍遥自在，一会儿飞起，一会儿降落，漂漂亮亮。我想起了美国大峡谷的铁皮屋，早晨把窗帘拉开，几只小鹿在外面吃着青草，惊喜。

　　《牧羊少年奇幻之旅》说的是经历了各种外面的冒险，最后发现要寻找的宝贝就在自家门口，是吗？

参考书目

1. 尼尔·肯特：《瑞典史》，吴英译，中国大百科全书出版社，2010 年。

2. 大卫·科尔比：《芬兰史》，纪胜利译，商务印书馆，2013 年。

3. 山本由香：《北欧瑞典的幸福设计》，曾维贞、刘惠卿译，中国人民大学出版社，2007 年。

4. 叶淑兰：《北欧：这里没有穷人》，南方日报出版社，2011 年。

5. 张直鉴：《千湖之国：芬兰》，上海锦绣文章出版社，2013 年。

6. 马恩汉：《峡湾之国：挪威》，上海锦绣文章出版社，2012 年。

7. 孙琇：《北欧皇室冰火传奇》，中国青年出版社，2013 年。

8. 朱利安·D. 理查兹：《揭秘北欧海盗》，徐松岩译，外语教学与研究出版社，2013 年。

9. 黑勒德伽尔德·埃勒斯内尔：《维京人之谜》，王勋华译，湖北教育出版社，2010 年。

10. Globe Trekker 丛书编辑部：《玩转地球之北欧》，龙门书局，2011 年。

11. 杨豪中编：《瑞典与挪威的地域性建筑》，中国建材工业出版社，2006 年。

12. 爱德华·蒙克：《蒙克私人笔记》，冷杉译，金城出版社，2012 年。

13. 段守虹：《蒙克与呐喊》，人民美术出版社，2002 年。

14. 澳大利亚孤独星球编：《北欧》，中国地图出版社，2014 年。

15. Fodor's 编写组：《北欧斯堪的纳维亚》，电子工业出版社，2010 年。

16. 新加坡 APA 出版有限公司：《挪威》，葛陈荣、陈建军、汪浪译，水利水电出版社，2004 年。

17. 叶永烈：《如画北欧》，上海交通大学出版社，2013 年。

18. 日本大宝石出版社编：《北欧》，中国旅游出版社，2007 年。

19. 布莱恩·诺德斯特姆：《走世界品文化：悠闲瑞典》，陶秋月译，长春出版社，2012 年。

20. 索德格朗等：《北欧现代诗选》，北岛译，重庆大学出版社，2013 年。

21. 克里斯·曼、克里斯特·乔根森：《极地战争：德军在挪威、芬兰与苏联的战争》，于仓和译，大象出版社，2012 年。

22. 刘琳：《没有"主义"的北欧》，海天出版社，2010 年。

23. 费滨海编：《百年诺贝尔：获奖者纪念邮票、题词》，上海远东出版社，2001 年。

24. 德尼兹·加亚尔、贝尔纳代特·德尚：《欧洲史》，蔡鸿滨、桂裕芳译，海南出版社，2011 年。

25. 获原健太郎编：《在北欧，遇见理想的生活与设计》，李巧丽译，中国青年出版社，2012 年。

26. 托芙·扬松：《姆明和盗贼》，十画译，浙江少儿出版社，2014 年。

27. 埃德蒙·威尔逊：《到芬兰车站》，刘森尧译，广州师范大学出版社，2014 年。

28. 安吉拉·艾朵斯：《国家公园》，杨林玉译，中国大百科全书出版社，2009 年。

29. 保罗·柯艾略：《牧羊少年奇幻之旅》，于文林译，南海出版公司，

2009 年。

30. 保罗·约翰逊：《艺术的历史》，黄中宪译，上海人民出版社，2008 年。

31. 安东尼·亚穆尔、汤姆·麦施伯格：《先生，伦勃朗又不见了》，纪乃良译，台北麦田，2012 年。

32. 玛格丽特·海福德·奥利里：《走世界品文化：韵致挪威》，刘新慧译，长春出版社，2012 年。

33. 台湾墨刻编辑部：《完全自游北欧：丹麦·挪威·瑞典·芬兰·冰岛》，龙门书局，2012 年。

34. 张志雄主编：《财经丛书：变化中的中国经济生活》，上海财经大学出版社，1995 年。

35. Monica Bonechi：《斯德哥尔摩及其周边地区》，Bonechi Guides，2014 年。

36. 奥斯陆剧院：《奥斯陆剧院》，2010 年。

37. 图尔库博物馆：《图尔库城堡》，2013 年。

38. 艾灵·马茨：《瓦萨》，Interverbum 译，瓦萨博物馆，2009 年。

39. 斯德哥尔摩王宫：《斯德哥尔摩王宫》，2014 年。

40. 桑波格纳罗：《斯德哥尔摩旅游指南》，ORO, S. A，2014 年。

41. VisitOSLO：《奥斯陆：文化与自然首都》，Pictura Normann AS，2014 年。

42. 赫尔辛基观光旅游：《赫尔辛基旅行指南》，2014 年。

43. 国家艺术博物馆：《挪威国家艺术博物馆》，2013 年。

44. 岩石教堂：《岩石教堂》，2014 年。

45. 斯德哥尔摩市政厅：《斯德哥尔摩市政厅》，2014 年。

46. Inge Stikholmen & Tom Granerud:《挪威》，周瑾译，NORMANNS KUNSTFORLAG，2008 年。

47. Stefania Belloni:《芬兰：千岛之国》，邱莉译，PLURIGRAF。

48. Lotte Schonfelder：《卑尔根》，杨海利译，N.W.Damm & Son AS。

49. Raimo Suikkari:《今日芬兰》，林慧娟译，RKS Tietopalvelu OY，2006 年。

50. Monica Bonechi：《瑞典》，郑鸣译，Bonechi Guides，2014 年。

51. Solveig Sjoberg–Pietarinen, *The Luostarinmaki Handicrafts Museum Guide Book*, Turku Provincial Museum, 2005.

52. Knut Drake & Nina Lepokorpi, *Turku Castle*, Turku Provincial Museum, 2002.

53. Raimo Suikkari, *Helsinki: Lights and Attractions*, RKS Tietopalvelu Oy, 2012.

54. Kim Loughran, *The Year in Sweden*, Bokforlaget Max Strom, 2011.

55. Johs. B. Thue, *Flåmsbana*, Skald, 2005.

56. Erik Arpi, *The Troll Boy and the Witch*, Normann, A.S.Norway, 2014.

57. Tone Wikborg, *The Vigeland Park in Oslo: Sculpture Park and Museum in Oslo*, Normanns Kunstforlag, 2014.

58. Ole P. Rorvik & Ole Magnus Rapp, *Norway*, Aune Forlag AS, 2014.

59. Inge Stikholmen, *Norway*, Normanns Kunstforlag As, 2014.

图书在版编目（CIP）数据

北欧彩虹 / 张志雄著 . -- 上海：上海文化出版社，
2022.1
　（志雄走读）
　ISBN 978-7-5535-2377-4

　Ⅰ . ①北… Ⅱ . ①张… Ⅲ . ①游记 – 北欧 Ⅳ .
① K953.09

中国版本图书馆 CIP 数据核字 (2021) 第 182741 号

出　版　人：姜逸青
责任编辑：任　战　　张悦阳
特约编辑：周　艳　萧　亮
版面设计：[法] Valerie Barrelet
封面设计：王　伟
责任监制：刘　学

书　　名：北欧彩虹
著　　者：张志雄
出　　版：上海世纪出版集团 上海文化出版社
地　　址：上海市闵行区号景路 159 弄 A 座 3 楼 201101
发　　行：上海文艺出版社发行中心 www.ewen.co
　　　　　上海市闵行区号景路 159 弄 A 座 2 楼 201101
印　　刷：鸿博昊天科技有限公司
开　　本：710mm × 1000mm 1/16
印　　张：15
版　　次：2022 年 1 月第 1 版 2022 年 1 月第 1 次印刷
书　　号：ISBN 978-7-5535-2377-4/K.259
定　　价：86.00 元

如发现本书有印装质量问题请联系印刷厂质量科 电话：010-87563888